A股操盘宝典

荣跃 著

人民东方出版传媒
東方出版社

图书在版编目（CIP）数据

A 股操盘宝典 / 荣跃 著 . — 北京：东方出版社，2021.4
ISBN 978-7-5207-1142-5

Ⅰ. ① A… Ⅱ. ①荣… Ⅲ. ①股票投资—基本知识 Ⅳ. ① F830.91

中国版本图书馆 CIP 数据核字（2021）第 017528 号

A 股操盘宝典
（A GU CAOPAN BAODIAN）

作　　者：荣　跃
责任编辑：王学彦
出　　版：东方出版社
发　　行：人民东方出版传媒有限公司
地　　址：北京市西城区北三环中路 6 号
邮　　编：100120
印　　刷：北京联兴盛业印刷股份有限公司
版　　次：2021 年 4 月第 1 版
印　　次：2021 年 4 月第 1 次印刷
开　　本：660 毫米 ×960 毫米　1/16
印　　张：14.25
字　　数：132 千字
书　　号：ISBN 978-7-5207-1142-5
定　　价：58.00 元
发行电话：（010）85924663　85924644　85924641

A 股 实 战 操 盘 宝 典

目 录

CONTENTS

序言

2020—2030 年或许是 A 股乃至中国的又一个战略机遇期。从某种意义上讲，中国的崛起与 A 股的发展息息相关。这绝非夸大其词。根据笔者独创的上海证券综合指数（以下简称上证指数）实战预测系统的分析，如果 2027 年前，上证指数不能突破 6 124 点创出历史新高，那么 A 股牛市会再推迟，这很可能对中国建成科技强国和金融强国产生重大影响。

破译 A 股，可谓难于上青天。无论传统的技术分析，还是传统经济学理论，都无法解释这个“非牛非熊”“亦牛亦熊”的“怪胎”的走势。A 股要么是井喷式上涨和暴跌式下跌，要么是长期低迷、无量盘整。

21 世纪前 20 年，中国 GDP（国内生产总值）涨 4 倍，但是上证指数也折腾了 20 年，价值中枢还是在 2 000 多点晃荡。

无怪乎人们说中国没有牛市熊市，只有上蹿下跳的“猴市”，全凭利好利空涨跌的“政策市”“消息市”，但是“消息市”既无法解释为什么超级利好出台，市场会以全线涨停来结束上涨（国务院宣布停止减持国有股，2002 年 6 月 24 日上证指数大涨 9.25%，次日开始单边下跌持续半年），又无法解释为什么超级利空出台，市场会以全线跌停来结束下跌（2020 年 2 月 3 日受新冠肺炎疫情影响，上证指数大跌 7.72%，3 000 多只个股跌停，次日开始单边上涨）。

更让人头疼的是，这样一个已到而立之年却仍不够成熟规范的市场，制度创新往往导致暴跌。1996 年，抑制过度投机的涨跌停板一推出，大盘就连续三个跌停；2010 年，对冲大盘风险的股指期货一出台，上证指数就两个月暴跌 30%，更奇怪的是，此时出台的创业板，最终还是被腰斩了；2016 年熔断一推出，大盘开盘就直接熔断，本来用于预防暴跌的熔断反而变成暴跌元凶；2020 年创业板放开涨跌停板至 20% 后，居然出现一天 50 只个股跌至 20% 跌停，350 多只个股跌 10% 以上，堪称一次小股灾。

正因为无法破译 A 股，券商的年度策略报告年年都成为反向指标，券商索性不再预测来年的指数波动空间。

正因为无法破译 A 股，上海证券交易所统计，2016 年 1 月到 2019 年 6 月散户年化收益全部亏损。机构择时收益全部亏损，只有靠择股收益才能实现盈利。

被笼罩在云里雾里 30 年之久的 A 股市场，终于要被揭开庐山真面目了。《A 股操盘宝典》终于与广大读者见面了。笔者27年磨一剑，从实战的角度，为读者独家献上上证指数实战预测系统。本书不但可以解读1990年上证指数发布以来的所有井喷暴跌、大顶大底，而且可以预测未来市场的井喷暴跌、大顶大底，乃至市场出现的短中期顶部底部也几乎可以一网打尽。

常言道，“是骡子是马拉出来遛遛”；“实践是检验真理的唯一标准”。笔者这两年在新浪微博上预测的成绩单，足以说明问题。2019年1月1日，预测1月4日或7日2 449点附近是重要底部（1月4日2 440点）；2019年5月19日，在市场一片恐慌中，预测2 440点这一世纪之底，2020年2月4日开盘前，在前一天3 000多只个股跌停的背景下，预测调整即将结束，当天或次日在2 500点以上形成年内最低点（2月4日2 685点为当年次低点）；2020年2月29日，预测3月6日附近共振高点（3月5日3 074点为上半年次高点），3月16日左右的共振低点（3月19日2 646点为全年最低点）；2020年3月底，预测2 646点为两年内不会击穿的大底；2020年5月5日，预测7月启动月线级主升浪，突破2019年高点3 288点（7月1日起9个交易日大涨474点，最高点3 458点）；2020年8月18日，于开盘前预测3 450点附近为阶段顶（当日最高点3 456点），与3 458构成M头，并建议除长线仓外全部清仓。2020年9月11日9:40，提示3 220点抄底；2020年9月12日，预测3 220点附近为阶段底（9—10月最低点3 202点，最低收盘价3 217点）。

本书出版面世之时，正值 2021 年新春，不论机构散户，还是股市小白，都可以从本书中找到敲开 A 股财富大门的咒语。

本书预测 2021 年开年将启动年线级牛市主升浪，此次上证指数超级行情，可以延续十年，目标可达 8 000 点。本轮牛市涨幅尽管不是历史上最大的，但很可能成为未来十年内最大的、最稳妥的投资去处，甚至投机机会，很可能改变许多人的财富命运。

宋朝大诗人陆游说："工夫在诗外。"正所谓"不识庐山真面目，只缘身在此山中"，本书最大的特色是，功夫在"股"外。与市场上流行的股票专业书完全不同，本书没有大量枯燥的金融专业名词与眼花缭乱的个股图表，有的只是看似与股票无关的故事传奇、凡人趣事、实战经典，有的只是站在大国崛起的历史高度与金融战争的现实高度，以及索罗斯哲学与黑天鹅理论的思想高度，对 A 股牛市进行全方位反思，本书将辩证逻辑与形式逻辑的严谨推理，理工科训练的科学论证，以及作者几十年实战沉淀的政府思维、主力思维、专家思维，融为一体。本书深入浅出，通俗易懂，乃至让人捧起来就放不下，在有趣的阅读中，不知不觉地掌握 A 股"葵花宝典"，轻轻松松地走上巴菲特式的致富之路。

第一章　得 A 股者得天下

2020 年，上海证券交易所成立 30 周年。步入而立之年的 A 股与中国站在历史的十字路口，面临关键选择。可以说，A 股之于中国，从来没有像今天这样重要。

第一节　解决中国的问题离不开 A 股牛市

20 世纪 80 年代中期，我父亲作为访问学者赴美国进行学术交流。美国人说，中国给访问学者的生活费如果每月不到 300 美元，他认为是不人道的。而我父亲靠每月 200 多美元生活费，不仅在美国顺利地生活了一年，红光满面地回来了，还从这个“不人道”的待遇里省下了不少美元，给家里添置了日本进口的洗衣机、录音机、电冰箱等电器大件。父亲说，在美国，他觉得蔬菜贵，就少吃蔬菜用水果来代替，觉得其他肉贵，就多吃相对便宜的鸡肉。

这个例子说明什么？现在，中国有 6 亿人的人均月收入在 1 000 元以下，相当于平均每月 100 多美元。这水平明显低于近 40 年前的那种“不人道”的待遇，绝对属于现在美国人眼中的穷人。

2020 年新冠肺炎疫情中，美国第一次发的困难补贴的标准是，对年收入低于 7.5 万美元的人群，成年人每人发放 1 200 美元，未成年人每人发放 500 美元。1 200 美元相当于 8 000 多元人民币，是近半中国人口人均月收入的 8 倍。由此可见，中美收入差距有多大。这还是拿我们的正常情况与美国的特殊情况来比，并没有比较两国在正常情况下的收入差距。所以未来几年中国的 GDP 即便超过了美国的 GDP，成为全球第一，这也不应该使我们骄傲，因为我们的人均 GDP，2019 年世界排名 80 位，只有美国的 1/6。

我们现在迫切需要解决的，是中国养老金缺口的问题。据预测，2050 年中国 65 岁以上人口比例将占总人口数的 1/4。这相当于 2019 年日本的老龄化水平。世界银行数据显示，2019 年日本 65 岁以上人口比例达到 27%，排名世界第一。2019 年，日本人均 GDP 4 万美元，4 倍于中国。经济发达国家“先富后老”，我们“未富先老”，怎么办？另有分析预测，未来 20 年中国养老金缺口在 20 万亿元左右。中国养老金的缺口怎么办？

2019 年，中国的老年人口比例达 11%，大体与 20 世纪

80 年代日本的老龄化程度相当。1970 年，日本老年人口比例占总人口数的 7%，进入老龄化社会；1995 年，这一比例升至 14.54%，日本进入深度老龄化社会；2019 年，这一比例已达到 27%，日本进入“超老龄化社会”。但是，日本利用老龄化所带来的第二次人口红利期（根据老年人储蓄多，消费少，用老年人手里的钱投资增值），实现了财富增值。20 世纪 80 年代日本股市房市双双大牛，日经指数在 1984 年年初突破 10 000 点，至 1989 年 12 月 29 日，达到历史最高点 38 915 点。当然，20 世纪 90 年代以后，日本股市房市由双牛变双熊，日本经济为泡沫破裂付出了沉重代价。此后，日本股市经历了 31 年的熊市。但值得注意的是，日经指数 2021 年 1 月创出 30 年以来新高。

与日本股市比，A 股已经提前经历了 20 年的熊市。上证指数要突破 2007 年的历史高点 6 124 点，至少还需要 7 年时间。既然如此，我们可以借鉴美国长期熊市后的长期牛市，期待 A 股将迎来长期牛市。A 股与基本面长期背离的情况跟美国股市 20 世纪 50 年代至 70 年代比较相似。第二次世界大战（以下简称二战）后美国已成为世界第一强国，但道琼斯指数依然在 500—1 000 点徘徊了 16 年，直到 1972 年才首次突破 1 000 点，开启了大牛市，1999 年站上了 10 000 点大关，27 年涨了 9 倍。此后，美股又过了 20 年，涨了 2 倍，冲到 30 000 点大关。20 世纪 80 年代，美国推出的 401（k）养老金计划借长期牛市大幅增值。截至 2017 年 401（k）养老金计划账户余额为

9.2 万亿美元，占美股市值的 1/3。

截至 2020 年 9 月 30 日，中国 A 股总市值达 72 万亿元，相当于 2019 年 GDP 99 万亿元的 73%。按照巴菲特提出的股市安全性指标计算，证券化率（股市总市值与国内生产总值的比值）小于 75% 属于适度低估，75%—90% 属于相对合理，90%—110% 属于适度高估，而大于 115% 属于显著高估，中国目前的这一比例为 73%，还处于被低估的区间。2020 年，美国证券化率为 147%，属于显著被高估的区间（但巴菲特在持有上千亿美元现金的同时仍保留了美股长线仓）。1989 年，日本在股市泡沫破灭时，这一比例达到 148%。中国 A 股在达到 6 124 点时，这一比例大约是 140%。

2018 年年底，中国社保基金资产总额达到 2.24 万亿元。2001—2018 年，中国社保基金累计投资收益额为 9 552 亿元，年均投资收益率 7.82%，超过同期通货膨胀率 5.53 个百分点。此外，从 2022 年起，中国社保基金转持万亿元央企国有股进入减持期，另代持 8 000 多亿元地方养老金。如果中国社保基金中的养老金、企业年金资产能在未来牛市中大幅增值，那么这可以大幅填补养老金缺口。

我们如果再考虑到连续两年大幅减税，中央财政已出现赤字，大部分省市的地方养老金入不敷出，要大幅提高居民收入，大幅填补养老金缺口，我们不能指望政府大量拨款，更不能指望老板大幅涨薪，只能靠自己给自己大幅涨薪。这怎么涨呢？最有效的办法是借鉴美国和日本的经验，把有限的储蓄投入 A 股市场，等待其在牛市大幅增值。

中国又一次面临战略机遇期的选择。20 世纪末中央提出 2000—2020 年是中国战略机遇期，可谓高瞻远瞩。我们利用战略机遇期实现了 GDP 翻两番，在这一战略机遇期结束时，我们面临的国内外形势空前严峻。现在的问题是，按照十九届五中全会精神，2020—2030 年仍属于重要战略机遇期，如何面对新战略机遇期的选择？

十九届五中全会提出，2035 年基本实现社会主义现代化远景目标，包括关键核心技术实现重大突破，进入创新型国家前列，人均国内生产总值达到中等发达国家水平等一系列具体目标。然而，所有这些目标的实现都离不开钱。现在的问题是，钱从何处来？

据国际金融协会统计，2019 年中国整体债务水平已经超过 GDP 的 300%。从绝对值来看，中国的整体债务水平在全世界仅次于美国。中国经济的整体债务率已经和美国次贷危机之前非常接近。靠举债发展经济的道路也走不通了（海通宏观每周交流与思考第 302 期，姜超等）。2020 年，中国 M2 突破 200 万亿元，中国 M2/GDP 的比值大致为 2，全球最高，大概是美国这一比值的 3 倍。因此，银行贷款占比只能降不能升，否则会出现金融风险。实现融资模式转型，按黄奇帆所言，把间接融资占融资结构的比例从目前的 90% 降到 50%，与之对应，把直接融资占融资结构的比例从目前的 10% 提高到 30%，这也需要扩大资本市场融资，没有牛市，如何把直接融资比例提升 3 倍?

更何况，2035 年远景目标——关键核心技术实现重大突破，进入创新型国家前列——属于高风险投资，因为高科技企业没有抵押物可供担保，投资风险大，银行信贷难以承受这种风险。科技立国只有大力发展股权融资一条路径，可风险投资最终也要从股市退出。没有牛市，风险投资如何退出?

科技强国、金融强国是历史上大国崛起的必由之路。有观点认为，历史上真正有效地行使全球霸权的国家只有三个——荷兰、英国和美国。值得注意的是，三个国家完成了创立资本主义市场经济的使命，并不断发展和完善。无一例外，三个国家都成功地使用了证券市场融资工具。荷兰东印度公司是世界上第一家股份制公司，世界上第一个股票交易所在荷兰挂牌交易，如果没有股票融资，国土面积只有北京两个半大小的荷兰，何来拥有 15 000 多家机构，上万艘船只，垄断全球贸易的一半? 同样，美国在南北战争后仅过了半个世纪，就成为世界第一工业强国，很大程度上因为同期纽约证券交易所上市股票，从原先的以铁路股为主变成以工业股为主。1971 年，全球第一个创业板市场纳斯达克成立，为硅谷之崛起、美国工业向高科技转型奠定了基础。美国成为 20 世纪唯一超级大国，华尔街的雄起，发挥了决定性作用。在 2020 年新冠肺炎疫情全球肆虐期间，全球经济按下暂停键，美国之所以能保持正常运转，重要的一点是美国股市在短暂的暴跌后，靠美联储提供的无限流动性迅速收复失地，重建牛市。需要说明的是，美国是内需，也就是消费占主导地位的国家，美国人几乎不储蓄。人们敢不敢用信用卡消费，取决于股市和房市是否具有财富效应，因此，美联储乃至美国政府至少要保全其中一个。

值得注意的是，中国目前提倡的国内大循环，需要全民投资、全民创业、全民消费。20 年房地产财富效应已经走到头了，理财产品旱涝保收的时代也到头了。在低利率时代，百万亿银行储蓄和理财产品确实需要寻找出路。如果中国股市不具备财富效应，在经济困难的背景下，人们如何敢拿出自己的储蓄来投资、创业、消费?

综上所述，科技强国、金融强国是中华民族伟大复兴的必由之路。中国股市的财富效应不仅关系科技强国、金融强国，而且关系国内大循环。钱不是万能的，但没有钱是万万不能的。

A 股自 6 124 点跌入熊市已有 13 年了，如果 2027 年不能突破 6 124 点，从周期角度来讲，大牛市至少推迟 5—10 年，那可能就到 2032 年，甚至 2037 年了（详见本书第二章第一节）。何时突破 6 124 点开始大牛市，我个人认为至关重要。

但是，A 股市场突破 6 124 点，带有极大的不确定性。A 股自身面临注册制“大跃进”、限售股解禁、中概股回归三大难题。

小到 A 股自身面临的三大难题，大到在严峻环境下的中国突围，都离不开 A 股牛市，从某种意义上讲，中国问题的解决离不开 A 股牛市。

第二节　6 124 点、5 178 点牛市：错误的战争，还是历史的误会？

全世界的经济学家和证券分析师都失语了。因为他们无法解释美股牛市为什么没完没了，A 股熊市为什么没完没了，尤其是无法解释 2020 年美股在百年不遇的崩盘后，为什么还能奇迹般地重归牛市，以及 A 股为什么依旧趴着不动。

本节讨论的这个问题与估值无关，与晴雨表无关，与技术分析无关。这些传统的牛市熊市理论，即使猜到了开头，也猜不到结尾。

美股和 A 股至少看上去符合黑天鹅的基本特征——无法预测、影响巨大、事后可解释，所以我们只能用可以解释一切的黑天鹅现象来分析。

一、美股、A 股，全球资本市场的两只黑天鹅？

黑天鹅可以分为两类：一类是极其不可能发生的事件却发生了；另一类是极其可能发生的事却没有发生。美股牛市与 A 股熊市没完没了，属于前者。美股熊市与 A 股牛市，千呼万唤不出来，则属于后者。

正面黑天鹅，代表不可预测的巨大机会，比如重大发明、股市井喷及超长期牛市。负面黑天鹅，代表不可预测的巨大风险，比如战争、金融危机、股市崩盘及超长期熊市。

中外股市历史上典型的负面黑天鹅事件，跌幅达 80% 级别的大暴跌发生过 6 次，但都发生在不同地区的股市——1929—1932 年道琼斯指数从 385 点跌至 41 点，1973—1974 年恒生指数从 1 774 点跌至 150 点，1990 年中国台湾股市从 12 682 点跌到 2 485 点，1993—1994 年上证指数从 1 558 点跌至 325 点，2000—2002 年纳斯达克指数从 5 048 点跌至 1 108 点，2008 年雷克雅未克（OMX 指数）跌 94.4%。

1929 年道琼斯指数崩盘引发了美国 1929—1954 年长达 25 年的超长期熊市，而日本始于 1989 年的超长期熊市至今已达 31 年之久，仍不知何时重归牛市。

正面黑天鹅与负面黑天鹅不是绝对的，而是相对的，二者在一定条件下可以相互转化。在感受正面黑天鹅影响时，应采用非常冒险的策略，使正面黑天鹅效应最大化。在可能受到负面黑天鹅袭击时，应采用非常保守的策略，尽量对冲，避免扩大，使负面黑天鹅效应最小化，甚至利用负面黑天鹅效应攻击对手，同时自己享受正面黑天鹅效应。

道琼斯指数从 1972 年突破 1 000 点大关后基本处于超长期牛市，这属于正面黑天鹅，天马行空，独来独往，没有最高只有更高。与美股牛市没完没了形成对照，A 股熊市也没完没了。

中国股市从 998 点到 6 124 点，这一超级牛市在两年半中超 6 倍涨幅实属罕见，属于正面黑天鹅。2007 年见大顶后中国股市处于长期熊市同样世所罕见，尤其是长期熊市是在中国经济高速增长的背景下发生的极其不可能的事件，所以这属于负面黑天鹅。

上证指数 6 124 点历史大顶前后的月线图，与道琼斯指数 1929 年 385 点历史大顶前后的季线图惊人地相似，这意味着什么？尤其是考虑到二者所处的基本面、资金面背景大不相同，却还能出现跨时代跨市场的惊人相似，这又意味着什么？上证指数与道琼斯指数的长期背离又意味着什么？道琼斯指数在经历了长期熊市以后转入长期牛市，这对我们的启发又是什么？要回答这些问题，重新开始新一轮牛市，我们首先要全方位反思，A 股是如何从正面黑天鹅变成负面黑天鹅的，以及 A 股历史上的牛市是怎样变成熊市的，以免重蹈覆辙。

二、6 124 点、5 178 点牛市是怎样从正面黑天鹅变成负面黑天鹅的？

如果说 6 124 点暴跌成功复制了 1929 年美股崩盘的形态，那么 5 178 点暴跌则成功复制了引发 1929 年美股崩盘的 1∶10 的信用融资（当时 A 股 1∶10 场外配资）。现在的问题是，这两次暴跌会不会重演？我们不能完全排除这种可能，甚至不能完全排除金融战的可能。1989 年的日本与 1999 年的欧洲都受到过金融战攻击。

黑天鹅理论认为，战争属于完全不可预测的黑天鹅事件（金融战亦然），当然，错得离谱的战争，则是更加典型的毁灭性黑天鹅事件。

2020 年 10 月 25 日是中国人民志愿军赴朝作战 70 周年纪念日。

美国是一个充满危机意识，喜欢反思的国家。对于朝鲜战争这场历史上美军第一次没有取得胜利的战争，美国流传最广的反省莫过于参谋长联席会议主席奥马尔·布雷德利将军的名言，“这是在错误的地点、错误的时间，同错误的敌人打的一场错误的战争”。他还说：“老实说，这是一场军事上的奇灾大祸。”当然，最关键的错误是遭遇了错误的“敌人”——中国人民志愿军。

有趣的是，对 6 124 点、5 178 点牛市可以用同样的措辞、同样的思维进行全方位反思。

错误的地点：如果美军不大幅越过三八线——中国的底线，自然就不会有中国人民志愿军入朝作战。如果 A 股市场在 2007 年 5 月 30 日调控后做平台调整，不大幅越过 4 335 点这一政策底线直奔 6 124 点，自然就不会有后面的利空组合拳持续调控，以及其后的持续暴跌。毕竟 998—6 124 点两年半内涨 5 倍多的井喷为持续暴跌留下了巨大空间。5 178 点亦然。市场对 5 月 30 日调控的报复，最后变成了 A 股对自己的加倍惩罚。

错误的时间：市场更大的错误是选错了牛市主升浪的时间。6 124 点牛市，可谓成也周期，败也周期（周期预测的方法见第二章第一节）。2006 年，上证指数 7 年周期、10 年周期、15 年周期共振大涨，但是 2007 年是上述三个周期共振大顶，更可怕的是，2008 年 7 年周期、15 年周期共振持续暴跌，换句话说，6 124 点牛市的夭折，是市场内在规律的必然。当然，适逢 2007—2008 年美国次贷危机以及 2008 年弱势美元周期结束，美元强势反弹，外部条件也不利于牛市。

至于 5 178 点牛市则完全是多头的误会，周期选错了。2014 年，上证指数只有 7 年周期支持井喷，15 年周期短暂井喷回落，10 年周期、20 年周期震荡筑底。更可怕的是，2015 年，只有 15 年周期支持全年上涨。7 年周期是大顶加持续暴跌年，20 年周期是短暂井喷后持续暴跌，10 年周期震荡筑底，加上强势美元周期继续，牛市的外部条件也不利。

可见，2007 年、2015 年在极易出现毁灭性黑天鹅事件的时候，本应采用非常保守的策略防范黑天鹅，可惜的是，市场与政策的选择恰恰相反，市场以井喷行情疯狂地冲垮政策的底线，看得见的手忍无可忍，以非常冒险的利空组合拳打压市场，直接把正面黑天鹅变成负面黑天鹅，把牛市送入了熊市。

错误的敌人：按照常识，牛市的敌人是获利盘、解套盘和限售解禁盘，但是在中国恐怕还要加上“看得见的手”。理由很简单，无论 1 558 点、2 245 点 还是 6 124 点、5 178 点，都是看得见的手捅破了泡沫。区别仅仅在于，第一次是主动的；后三次或是被国际投机资本及其代理人鼓动，或是被国际投机资本疯狂做多逼迫的。最终的结果是，看得见的手与国际投机资本不谋而合，共同扼杀了 A 股牛市。

综上所述，6 124 点和 5 178 点两轮大牛市的实质是，被国际投机资本操纵的，两场持续暴涨与持续暴跌的轮回，对于国人而言，是在错误的地点、错误的时间，同错误的敌人，打的一场错误的战争。

索罗斯有句名言："在世界历史上某些时期、某些国家会出现非均衡式增长，称为历史机遇期。我们应在非均衡式增长带来的泡沫和崩溃中获取暴利。"既然，这一历史机遇期已在 A 股出现，国际投机资本当然不会放过。

值得注意的是，国际投机资本（主要是价值几十万亿美元的美元日元套利盘，见第二章第三节）出入 A 股，既受美元周期、日元周期牵制，又与国际金融危机或地缘政治冲突密切相关。如果这些因素发生共振，那么我们需要高度警惕金融战的可能。我们对付金融战的手段和经验严重不足。

众所周知，核威慑是二战后大国间没有爆发大规模战争的重要因素。在未来金融战中，有没有金融核威慑力量可以决定在金融战中所处地位的优劣，甚至可以决定是否免于受到金融战攻击。

中国的金融核威慑可以包括三部分。第一部分是我国 3 万亿美元的外汇储备，由于其中大部分为美国国债，对美国的债券市场会形成一种潜在的冲击力。第二部分是中国投资公司所拥有的 2 000 亿美元，这笔资金的投向引起了全世界对冲基金和投行的关注。如果这笔资金的相当大部分进入 H 股市场，它可以对主导香港股市的欧美资金起到一定的制衡作用。掌握

H 股的定价权，既可以获得稳定的投资收益，又可以对香港股市和 A 股市场稳定形成重要支撑。第三部分是我们可以成立国家平准基金，其任务就是在 A 股市场不能够自行调节涨跌的时候，以市场化的手段干预指数的大涨大跌，抑制境外热钱对市场的操纵行为，保持市场相对稳定。

A 股牛市之战，这场市场力量与行政力量之间错误的战争，最终以两败俱伤告终，这究竟是谁的错？关键是有关方面的角色错位导致了悲剧，本来应该是维持市场秩序的警察，却亲自上马成为空方的后援。问题的根源是，对强国富民的牛市，各国政府都是持容忍甚至支持的态度，恐怕只有 A 股例外。

政府作为牛市最大受益者为什么可能成为牛市的误伤者？有关方面首先要认识到牛市对国家经济发展及社会财富效应的巨大作用，同时也要认识到作为经济高速增长的国家，A 股出现泡沫是正常的，泡沫比成熟股市更大也是正常的。而防范资产泡沫破裂的最好的手段，不是用政策刺穿泡沫，而是用经济增长和资产整合来化解泡沫。只有这样，我们才不会因为使用了不恰当的政策而给牛市带来重大创伤，甚至终结牛市。

这里必须强调的是，有关方面的本意是让牛市歇一下或者走得慢一点，避免泡沫破裂而引发系统性金融风险。但结果捅破泡沫的代价远远高于泡沫破裂。牛市以持续暴跌的方式结束，不仅使 A 股直接损失几十万亿元市值，还搭上了长期熊市的代价，这是我们应当汲取的最大的教训。

三、2020 年美联储救市的启示

一位我认识 20 年、基本面与技术面俱佳的高手，至少 4 年前就预测美股泡沫即将破灭，以崩盘终结牛市转入熊市，结果 2020 年美股终于崩盘，然后牛市依旧！这究竟是为什么？

为什么新冠肺炎疫情最严重、经济很糟糕、估值全球最高的美国，其股市还能创出历史新高？为什么新冠肺炎疫情控制最成功、估值全球较低、主要经济体中唯一正增长的中国，其股市就是趴着不动？传统经济学理论及技术分析无法回答这个问题。

主流观点做了事后解释：2020 年美联储是以历史上最大力度的量化宽松 QE5，才使美股从 4 次熔断，近 40% 跌幅的崩盘中重归牛市。换句话说，2020 年美联储是用黑天鹅政策对冲黑天鹅事件，才挽狂澜于既倒，使美股从负面黑天鹅变回了正面黑天鹅（还有种说法是华尔街故意砸盘逼美联储出牌）。金融市场是信用市场，美联储是美股最大的多头，华尔街的口号是，永远不要和美联储作对。正是出于对美联储的信任，全球资金争相入市，使崩盘后的美股以历史最快的速度恢复牛市。

需要指出的是，无论 1987 年的黑色星期一，1999 年长期资本管理公司破产，还是“9·11 事件”、次贷危机，历史上每一次危机都是美联储救市，使美股经过短则几月长则几年的调整后再创历史新高，重归牛市。这一切不仅仅因为美联储手里有钱，更重要的是美联储赢得了市场的信任。平时用利率周期与每一个半月一次的美联储议息会议，稳定市场预期，危机时及时释放流动性救市，化解市场恐慌。

由此而来的问题是，倘若如此，美股牛市岂不是与晴雨表无关，与估值无关，只与钱有关？美联储为什么不怕泡沫破裂？美联储为什么不怕这个击鼓传花的游戏有一天玩不下去，彻底崩盘呢？

正如格林斯潘所警告的，捅破泡沫才是最大的风险。捅破泡沫意味着，一次财富蒸发或财富转移的同时，市场崩溃、信心破灭、预期改变，这是毁灭性打击，剩下的只有一地鸡毛。

泡沫破灭意味着，一次财富蒸发或财富转移的同时，剩下的还有一次本币的变革、一次经济的转型。再说泡沫破裂，也不全是坏事。

早在十几年前经济学家杨帆就指出：泡沫的背后是什么？是几百万最优秀的人的就业；是 8000 万到 1.2 亿家庭进入投资领域掌握经济知识，并直接承担投资风险，极大地提高自己的素质；是国家无数税收；以及更重要的是企业进行现代企业制度的改造。崩盘有什么了不起？道琼斯指数 2000 年从 12 000 点跌到 7 000 点，纳斯达克从 5 000 点跌到 1 000 点，但美国经济并没有崩溃。纳斯达克股市培养出来了美国新经济。

互联网泡沫为美国高科技产业一次性注入上万亿美元投资。这使得美国高科技产业获得了三方面历史性的优势——人才优势、技术优势、产品与服务优势，牢牢掌握了高科技产业的霸主地位。美国成功地完成了经济第一次转型，从传统产业主导向高科技产业主导转型之后，美国主动引爆 2000 年互联网泡沫破裂、纳斯达克崩盘，却成功地阻击了竞争对手欧洲、日本以及中国利用创业板发展高科技。纳斯达克欧洲市场与东京市场相继夭折，中国创业板胎死腹中，整整推迟了 10 年（1999 年起，深交所开始着手筹建创业板，2000 年 10 月之后为此甚至停止了主板的 IPO 项目，2001 年 11 月，高层认为股市尚未成熟，需先整顿主板，创业板计划搁置，直到 2009 年 10 月 30 日创业板开市）。

当美国经济完成第二次转型，从实体经济主导向虚拟经济主导转型后，利用次贷危机中的房地产泡沫，为美国中下阶层一次性提供了上万亿美元的优质资产，而后又主动引爆次贷危机及全球金融危机，导致几百万亿美元场外金融衍生品市场泡沫破裂，成功地阻击了竞争对手欧洲、日本、中国利用金融衍生品发展虚拟经济。美国的竞争对手只要停留在间接融资主导、实体经济主导、传统产业主导的发展阶段，就难以走出周期性金融危机泥潭，与美国经济的差距可能会越来越大，且长时间无法挑战美国霸权。

应当承认，美国一直是善于制造危机、利用危机、转嫁危机，并在危机中崛起的国家。两次世界大战、三次石油危机，美国都有惊无险从中获利。更耐人寻味的是，自 1971 年美国撕毁布雷顿森林协议摧毁固定汇率国际货币体系以来，已发生了 9 次金融危机，每次危机都出现在美元周期的拐点，美元周期的拐点又总是源于美国财政货币政策或国际政治外交策略的重大变动，危机前后总伴随着国际资本的大规模流动。热钱利用其中 6 次弱势美元周期转入强势美元周期之际，分别完成了日本、俄罗斯，以及欧洲、亚洲、南美洲的资产泡沫从放大到破灭。2007 年，美国次贷危机爆发，这成为剪中国及全球羊毛的机会。下一次又轮到谁呢？

2020 年美联储救市给我们什么启示？我们来分析下美联储救市组合拳！第一，政策干预的及时性。3 月上旬美联储救市，顾不上等仅隔一周举行的美联储例会。第二，干预力度超过常规政策。以往美联储常规降息一次是 0.25 厘，而此次汲取 2008 年教训，直接降到 0。第三，非常时期采取非常政策——无限量提供流动性。美联储直接入市购买债券，恢复债市流动性；并准备必要时入市购买股票。总之，不惜一切代价维护金融市场稳定。正因为美联储就是美股最大的多头，所以国际投机资本不敢大幅做空美股。

泡沫本来有可能不破裂，即使破裂，也有可能不去复制历史上已经发生了的泡沫破裂的情形。更重要的是，如果我们捅破了泡沫，反而可能会带来比泡沫破裂更大的风险。处在索罗斯所说的非均衡式增长的中国 A 股市场，我们最需要担忧的不是泡沫破裂，而是人为地捅破泡沫。长期受困于“政策市”的 A 股，可能已从有效市场变成无效市场。

四、警惕“政策市”以慢牛的名义打造疯牛与慢熊的轮回

A 股牛市能否延续，关键在于监管的角色归位，充分地认识到一个长期的牛市对中国经济的持续增长、国有资产的保值增值、产业的整合资源优化配置、养老金巨额缺口的填充、国家稳定的财政收入、一代中产阶级的塑造以及老百姓财产性收入的增长，乃至科技强国、金融强国，具有决定性作用。换句话说，一个长期的牛市于国于民都是有百利的。同时，要正确认识股市泡沫，鼓励创建有中国特色的牛市估值理论，逐渐适应让市场在泡沫中发展，在发展中化解泡沫，尊重市场自身的规律，让市场恢复市场的本来面貌，不到危急关头不要滥用行政手段干预市场。

中国需要一个长期牛市，而且应该是慢牛。但是从各国股市的发展历程来看，成熟股市是慢牛短熊，而新兴股市往往是快牛慢熊。怎样防止为了把股市调控成慢牛，结果却调控成了慢熊，是对监管层的严峻考验。

首先，要警惕政策调控时出现疯牛与慢熊的轮回。慢牛和慢熊的区别在于 6 124 点历史大顶是否被突破，至少把突破 6 124 点列入中长期的目标（而非把稳定在 3 000 多点列入中长期的目标），先恢复牛市再谈快慢问题。突破 6 124 点前可以适当快些，把慢熊损失的时间夺回来，把人气带动起来；突破 6 124 点之后，可以以平台整固为主，走慢牛路线。

其次，要认识到新兴股市的快牛不可避免，因此，政策的

调控不仅要考虑出台的时机，而且要考虑对市场的杀伤力。具体来说，常规的调控政策在市场疯狂时往往是无效的，而非常规的调控政策往往会令市场出现急剧转向。因此，使用平准基金市场化的手段来扮演政策干预主角是必要的。这样既可以减少平时的政策干预，使监管与市场关系正常化，又可以在非常时期替代或对冲非常规调控政策的干预，减少其负面影响。

当然，最重要的是制度建设，应全面与成熟股市接轨。依法治市，依制度治市，而非依人治市，依政策治市。只有这样，才能最终告别“政策市”，让市场形成稳定的预期，打造制度性牛市。

最后，再强调一下，即使是成熟市场也离不开危机状态下的政策干预。但切记，政策干预的目的，仅仅是恢复市场的自我调节功能，绝不是让政府站在市场的对立面，改变市场的趋势。市场的趋势是政府无法改变的。

当市场是有效市场，具有自我调节能力时，政府不要出来干预。只有市场出现阶段性极度疯狂，市场失去自我调节能力，也即市场失效时，黑天鹅才能兴风作浪。这时才需要政府出面恢复市场的有效性，履行市场监管职责；并且这一角色应主要由平准基金来扮演，以免被国际投机资本利用，重蹈 6 124 点、5 178 点覆辙。

我们如果没有敬畏市场之心，就必然会受到市场的惩罚。惩罚的表现就是市场力量与行政力量对抗。正如索罗斯所说，市场具有自我增强与自我崩溃灵魂的特色。当市场趋势处于自我增强的惯性，受到的是比较温和的政策调控时，市场用无视政策来惩罚政府。但当市场趋势走向自我衰竭时，再受到最严厉的政策打压时，市场会以自我崩溃来惩罚政府。

历史上国家主导型经济与自由市场经济的重要区别，就是要么对金融市场干预过度，要么放手不管。德国属于前者，日本一度属于后者。德国 1896 年颁布的《保证金法》，对股票投机进行了严格的限制，导致股票市场长期低迷。而日本央行的不干预金融市场政策，导致 20 世纪 80 年代日经指数 3 年上涨 300%，之后泡沫破裂，房市股市暴跌 70%，日本经济“失去了 30 年”。即使日本央行进场买股也无力回天，日经 225 指数熊市已经持续 30 多年了，不知何日才能走向牛市。最后，二者殊途同归，德国、日本企业资金都来自银行或其他金融中介贷款，占外部融资 70% 以上，两国都没有实现大国崛起。

间接融资占 90% 以上的中国，会不会步德国、日本的后尘？

第三节　A 股的两难：攻克 6 124 点不能早也不能晚

苏轼的《题西林壁》：“横看成岭侧成峰，远近高低各不同。不识庐山真面目，只缘身在此山中。”这首诗也形象地折射出了今天中国亿万股民及证券从业人员所面临的困境。如果我们只会站在市场里看市场，那么而立之年的 A 股可能永远是一个令人捉摸不透的谜团。我们要想破译其中的奥秘，一定要冲破笼罩其间的重重迷雾，站在 A 股市场外面，唯其如此，才能获得柳暗花明之感。

一、A 股牛市和熊市的命门在哪儿?

用哲学家的眼光看 A 股，最重要的是，处理好主要矛盾和次要矛盾的关系。我们只要抓住了主要矛盾，其他问题就迎刃而解了。A 股市场的主要矛盾是什么? 从广义上看，自然是牛市和熊市的矛盾。从人类社会的发展规律来看，牛市和熊市的矛盾中，牛市处于矛盾的主要方面。牛市作为主要矛盾的主要方面决定市场的性质与发展方向。股市是经济的晴雨表。一方面，正常情况下，经济每年都在增长，上市公司的利润增加，估值提升；另一方面，经济增长带来收入增加，投资者的信心增加，入市资金增加，这些都支持长期牛市。美国股市已出现持续几十年的牛市。现在的问题是，中国经济经过 40 多年的中高速持续增长，现在已经成为世界第二大经济体，但作为国民经济晴雨表的 A 股却长期不动，熊市替代牛市上升为矛盾的主要方面，这种转化说明什么? 是什么条件导致这种转化? 古有叶公好龙，今有国人好“牛”。我们一方面对资本市场、对牛市的重要性的认识远远不足，另一方面对泡沫与风险的担忧过度。这导致所谓 A 股慢牛。实质上，A 股究竟是披着牛皮的熊，还是披着熊皮的牛?

从狭义上看，股市的主要矛盾是资金与筹码的矛盾，牛市中资金处于矛盾的主要方面，熊市中筹码处于矛盾的主要方面。鉴于长期供过于求带来长期熊市，A 股的主要矛盾是有限资金和无限筹码之间的矛盾。一方面，从理论上讲，空方的力量是无限的，不仅有场内套牢盘和获利盘压力，而且更大的压力来自全面注册制带来扩容“大跃进”，再加上几万亿限售股解禁减持和中概股回归。另一方面，市场缺乏财富效应，增量资金不足，存量资金外流，使供过于求矛盾越来越激化。如何解决这个矛盾?

鉴于熊市中筹码处于矛盾的主要方面，我们首先要从控制乃至减少筹码入手。

我们需要从制度上限制限售股解禁上市。首先，制定注册制新股全流通发行时间表，避免新的限售股源源不断，限售股堰塞湖如同定时炸弹是牛市最大隐患。比如，规定注册制新股 IPO（首次公开募股）时大股东持股只保留 15%—20%，其他 80% 都以存量发行上市，世界其他股市都是这样做的。这既可以降低 IPO 发行价，又可以拆除巨额限售股 IPO 三年后解禁上市的定时炸弹。其次，规定注册制新股的限售股解禁时不能直接在二级市场上市，只能以大宗交易转让给机构投资者。如果有了这两条，再加上对 IPO 扩容速度的适当控制和 IPO 扩容品种的适当选择，那么问题就解决了。具体怎么做? 那些在美国上市的中概股，如果 2021 年年底前达不到美国监管标准一律退市，显然，数万亿市值的中概股可能于 2023 年前后回归 A 股。我个人认为，这会成为压垮 A 股牛市的不可承受之重，成为中美金融较量中美方的重要帮手。

怎么办？应当承认，我们过去犯了错误，没有让这些互联网巨头在国内上市，美国股市给了它们融资发展的机会，也带给美国投资者赚钱的机会。但这些互联网巨头现在已过了高成长期，融资需求有所降低，我们没有必要作秀，美国不要我们要。这些公司如果实在缺钱，就可以先去香港上市；它们如果非要回归 A 股，就请先等一等，等 A 股先迈过 2023 年这个坎儿，完成突破 6 124 点的历史使命，开启大牛市后再上市。

适当地选择扩容品种指什么？高科技企业优先，非高科技企业靠后。地方商业银行之类的传统企业，要么不上市，要么晚上市，千万不要再把 A 股市场当作扶贫之地。从国营企业到民营企业，A 股市场扶贫脱困已经几十年了，不能再继续了。现在 A 股市场的历史使命，是充当中国经济高质量发展先锋队，不是为了帮助老弱病残摆脱困境。只要把限售股解禁、注册制“大跃进”、中概股回归问题妥善解决了，我们就必然迎来 A 股的大牛市。

需要强调的是，控制扩容，既可以如上面所述在控制增量上下功夫，也可以在减少存量上做文章，逐步实现上市与退市平衡。中央关于建立常态化退市机制的要求给我们带来了些许希望。

30 年来，纽约证券交易所的上市公司数量始终保持在 3 000 家上下，其间，平均每年上市两三百家，退市公司的数量平均也是两三百家，上市公司与退市公司数量平衡。A 股市场成立才30年，但已经有4 000多家上市公司。市场最担心的是，以目前的扩容进度，过不了多久，A股市场可能会有上万家上市公司。如果筹码总是多于资金，那么A股只会有熊市，没有牛市，因为公司上市融资的欲望是无止境的，都愿意拿不需要还的钱，而市场没有财富效应，资金是不会进场的。从有限资金和无限筹码之间的关系来讲，这可以导致长期熊市，出现背离——A股的基本面长期牛市，资金面则长期熊市。

用马克思主义哲学解决A股市场问题，就是要抓住“有限的资金”与“无限的筹码”这个主要矛盾。解决这一矛盾除了前面讲的通过限制扩容，逐步实现与资金的平衡外，还可以通过大力扩资，实现与筹码的平衡。

吸引资金也有两个方法：一是营造大牛市，吸引国内资金进场，储蓄资金、理财资金和房地产资金的入市潜力可达几十万亿元，但是如果没有大牛市、没有大规模财富效应，国内资金就不会大规模进场；二是稳住指数，吸引外资入市，目前外资潜力有限。截至2020年6月末，境外机构和个人持股不到2万亿元，70%通过陆股通持股。2020年北上资金净流入2 000亿元，相对于截至2020年9月底58万亿元流通市值的A股，外资无论从存量与增量上来说，都远不能满足资金筹码平衡之需。从目前看，监管层吸引资金的重点似以吸引外资抄底为主，似有远水不解近渴之忧。难道是想用外资的鲇鱼效应撬动内资入市？

一位颇有影响力的经济学家告诉我，有关方面好像不支持牛市。为什么？我的理解是有关方面希望走慢牛、长牛之路，不希望走快牛之路。换句话说，不希望重蹈 6 124 点、5 178 点覆辙。股市涨起来，会引发泡沫风险；股市跌下去，会触发系统性金融风险，所以还是不涨不跌为宜。但不涨不跌岂不成了“死市”？因此，还是慢牛为宜。这令我想起了 20 世纪 90 年代 A 股流行的那句口号——“稳中有涨，涨幅有限”。计划经济的管理模式，就是沿袭不希望暴涨暴跌，不希望触发系统性金融风险的思路。

有些人担心牛市一起来就井喷，然后股市就暴跌，引发系统性金融风险。当然，井喷式上涨往往以持续暴跌的方式结束，但如果是一个慢牛的市场，那么它只会回调甚至较深回调，是不会持续暴跌的。而且，现在控制井喷式上涨最重要的手段就是限售股解禁，现在至少有几万亿元市值限售股在社保基金及上市公司大股东手里，再加上注册制“大跃进”扩容，以及中概股回归，足以稳住慢牛，无须担忧井喷。

综上所述，中国要迎接新的战略机遇期的挑战，大幅提高直接融资比例，承担科技强国、金融强国重任，用股市财富效应支持中国的消费强国，但又不能发生系统性金融风险，它们是矛盾的。A 股牛市的历史使命与系统性金融风险的矛盾，该如何化解？其实很简单，把快牛、慢牛结合起来，把阶段井喷与井喷后做中期平台“俯卧撑”结合起来。

二、何时突破 6 124 点？

用军事家的眼光看 A 股牛市，实质上就是如何打一场攻克 6 124 点解放全中国的战争。

“打过长江去，解放全中国”，这是 1949 年 4 月百万雄师过大江的战斗口号。渡江 8 个月后，共产党基本解放全中国。

A 股市场，空方也多年经营打造了一条 3 500 点“长江防线”，3 500 点的战略意义在于，得之可直上 5 000 点，失之则直下 2 000 点（3 500 点的神奇作用机制，详见第三章第三节）。为什么 2020 年 7 月 A 股井喷 3 458 点见顶后连续 5 个月，不突破 3 500 点防线直捣黄龙？

原因很简单。历史上两次以井喷突破 3 500 点防线，都遭到处于战略资源优势的空方的疯狂报复，最终以市值损失几十万亿元告终。A 股不能再重蹈覆辙，实在折腾不起了。

2007 年 6 月回踩 3 404 点后，以 4 根月长阳井喷直指 6 124 点，而后持续暴跌 12 个月直奔 1 664 点；2015 年 3 月突破 3 400 点，三根月长阳直扑 5 178 点，而后持续暴跌，直到 2 638 点才止跌。2008 年 3 478 点大顶；2018 年 3 587 点大顶。以上例证无不说明，突破 3 500 点“长江防线”绝非儿戏。

由此可见，要最终打赢 A 股的这场“解放战争”，必须借鉴共产党打败国民党的战略：建立、巩固根据地，以农村包围城市，坚持持久战，集中优势兵力各个歼灭敌人，待时机成熟时通过战略决战，歼灭国民党军队主力。1948 年 7 月三大战役前国共双方兵力的对比，已由解放战争爆发时的 3.14:1，变为三大战役前的 1.3:1。再通过三大战役歼灭国民党军队主力 154 万人，我军在完成从绝对劣势到绝对优势之转变，并基本解放长江以北之后，才发起渡江战役，进入全面反攻，一举解放全中国。

同样，A 股的“解放战争”，首先坚持以持久战应对注册制扩容，在 2 500—3 500 点长期震荡整理，经过 2015—2020 年 5 年建成底部平台根据地后，于 2021 年打过长江去，在 3 500—4 500 点继续长期震荡整理，再经过 2021—2025 年 5 年建成上升中继平台根据地，与此同时发动三大战役（2020 年起万亿级中概股回归，2022 年起万亿级社保限售股解禁，2023 年起万亿级美元、日元套利盘做空）的战略决战歼灭空方三大主力，最后利用 2026—2027 年的周期时间之窗直捣 5 178 点、6 124 点，取得战争胜利。（此作战计划与第二章第一节介绍的 2021—2027 年牛市周期对应。）

A 股的解放战争能否如期取得胜利？重要的一点在于看得见的手通过引导战略资源配置，使多头完成从劣势向优势的转化。比如通过对全面实施注册制节奏的控制，对中概股回归时间规模与社保减持时间规模的协调，尽快推动中国版 401（K）计划实施及成立国家平准基金，乃至必要时推出限制限售股减持措施，改变市场预期，避免使多头腹背受敌、两线作战。

二战中，德国和日本一度在战场上都表现出极大的优势，却最终失败，原因主要在于两线作战，因为主要矛盾变成了以拥有有限战略资源的一方应付拥有无限战略资源的对手，这样，唯一的取胜可能就是闪电战，在对手还没来得及做出反应的时候，彻底摧毁对手的抵抗。若闪电战成了持久战，那么败局已定。德国的闪电战是以占领一个国家、几个重要城市为主要目标，而不是要消灭敌方的主力部队。西线，希特勒对距敦刻尔克 10 英里[①] 的古德里安下达停止进攻原地待命的奇怪命令，导致敦刻尔克大撤退，挽救了 33 万英法联军，他们成为 4 年后诺曼底登陆击溃德军的先锋。东线，尽管战争一开始德军曾多次围歼苏军，人数多达百万，但南线、中线、北线最终的战略目标分别为高加索、莫斯科、列宁格勒，在战争资源远不及对手，又把有限资源摆在东西两线，且兵分三路，不能集中优势兵力以闪电战快速取胜的情况下，德军最终失败是无法避免的。

与之对照，毛泽东提出了“以歼灭敌人有生力量为主要目标，不以保守或夺取城市和地方为主要目标”的军事原则。共产党打败国民党，以弱胜强，靠的是不在乎一城一地的得失，国民党的主力在固守一城一地中被消灭。

将上述战略应用到股市上，就是牛市不应以站上多少点为目标，而应以消灭空方有生力量为目标。6 124 点、5 178 点都是以闪电战式的井喷行情连续攻克多个整数大关，无充分时间消化场内多头获利盘及场外空头万亿大小非，一旦实质性利

---

① 1 英里≈ 1.609 千米。——编者注

空消息导致场内多翻空，多头必败无疑。

当然，6 124 点作为牛市确立的标志是一定要突破的，但是不用着急，我们可以用 7 年左右的时间去突破。饭要一口一口地吃，仗要一个一个地打，敌人要一点一点地消灭。最忌讳的是在攻下一个高点后盲目地打阵地战、防御战，如果没有足够的力量守住且继续走上升通道，那么不如尽早放弃。否则，若你坚守一段时间后又失守，那么被套牢盘多翻空，多头力量大减，空头力量大增，下次攻击的难度会大增。一鼓作气，再而衰，三而竭，事不过三。如果第三次它还过不去，那就可能很长时间都过不去了，成为大顶。3 000 点关口可以被好事者统计，居然攻击 100 次之多，但我们还不能最终确定是否可以站稳。回顾历史上在 3 000 点上方坚守过多少年，成交了多少套牢盘，我们就知道 3 000 点关口之难了。与其这样留下套牢盘，不如直上直下，这也就为下次进攻预留了机会。

20 年来，上证指数在 3 000 点上下没完没了地做俯卧撑式整理，让很多股民和专业人士非常无奈，我也有同感。但是，请各位站得高一点，看得远一点，你就会发现不管是有意的还是无意的，这都为中国未来的大牛市奠定了重要的基础。道琼斯指数在 1 000 点以下停留了 70 年，我们才在 3 000 点以下驻足了 20 年，没什么可大惊小怪的。道琼斯指数突破 1 000 点后，20 多年间涨了 9 倍，从 1 000 点涨到 10 000 点。再过 20 年又涨了 2 倍，冲上 30 000 点。俗话说，横有多长，竖有多高。

再看上证指数攻克 1 000 点大关用了多少年？上证指数第一次冲到 1 000 点以上是从 1990 年 12 月 95 点一直涨到 1992 年 5 月 1 427 点，结果持续暴跌半年跌到 386 点，再用 3 个月井喷冲到 1993 年 2 月 1 558 点，结果再次持续暴跌。其间，1993 年 7 月至 1994 年 2 月 777 点保卫战打了半年，最终以失败告终，1994 年 7 月跌到 325 点。这场战役说明了什么？它印证了一句老话：怎么上去的，怎么下来。快牛之后是快熊，所以只能走慢牛。

从 1992 年到 2006 年彻底告别 1 000 点，A 股用了 14 年时间。其间，1997—1999 年三次考验 1 000 点支撑，2002—2004 年三次考验 1 300 点支撑。最后，2005 年还来了一次对 1 000 点支撑的假突破，从让人绝望的 998 点开启牛市冲到 2007 年的 6 124 点，再回首持续暴跌 13 个月仅下探 1 664 点，我们再也不会回到 1 000 点了。

回过头来看，我们既然能在彻底告别 1 000 点前等待 12 年（1993—2005 年），彻底告别 2 000 点前等待 14 年（2000—2014 年），现在也可以在 3 000 点等待 13 年（2007—2020 年），然后彻底告别 3 000 点。

当今，股票市场的平均成本如下：20 年线是 2 500 点，10 年线是 2 800 点，5 年线是 3 000 点。从历史上看，A 股大多数时间处于 5 年线之上，也就是说，3 000 点应该是极强的支撑。

按照 2、5、8 神奇数字（详见第三章第三节）推断，A 股一旦有效突破 2 000—5 000 点之间的最大阻力 3 500 点，下个目标就直奔 5 000 点，4 200 点附近的阻力不大，只不过会作为 6 124—5 178 点长期下降的压力线，被突破后还需要回踩确认，下一个长期整理区应该在 5 000 点，在 5 000 点下方做俯卧撑，在 4 200 点附近应有较强支撑，极端情况下会探 3 500 点。如果回调控制在 20% 之内，且回调分 2 年完成，那么市场大体上可以承受。这样基本可以应对 2023 年前后 A 股面临被做空（详见第二章第三节）的风险。当然，这还需要国家政策上、制度上的利好配合，比如对扩容的必要限制、国家队护盘等。最好成立不与民争利的国家平准基金，掌控 A 股定价权。

经历过几年 5 000 点下方俯卧撑式的整理后，待 5 年线提升到 4 000 点以上，再进攻 6 124 点，这样回调压力就不大了。下一个目标按照 2、5、8 神奇数字推断应该是 8 000 点。6 124 点只产生心理压力，不会形成大阻力。反之，倘若突破 3 500 点后直接进攻 6 000 点，那么跌 50% 重回 3 000 点后，风险就相当大了——不能发生系统性金融风险，这是底线。

第四节　注册制改革：是伟大的牛市，还是伟大的出货？

谁吹响了伟大的牛市的号角？

2020 年 11 月 3 日公布的《中共中央关于制定国民经济和

社会发展第十四个五年规划和二〇三五年远景目标的建议》提出，全面实行股票发行注册制，建立常态化退市机制，提高直接融资比重。

这轮伟大的牛市的名字被称为注册牛，历史上与之相似的只有 2005 年“股改牛”。998 点到 6 124 点，如果说当时的股权分置改革，解决了上市公司大小非的全流通问题，A 股开始与海外成熟股市接轨，那么全面实行注册制与退市常态化机制的建立，意味着 A 股将与海外成熟股市基本接轨。这是中国金融业改革开放的必然选择，只不过来得晚了些。

设想一下，如果让一个 30 岁的成年人穿儿童的衣服，对他进行儿童式管理，这本身就是最大的笑话。而这正是而立之年的 A 股市场所面临的尴尬现实。

“建制度、不干预、零容忍”，国务院金融稳定发展委员会对中国证券市场的九字方针抓住了要害。

先说建制度。应当承认，30 年前监管部门因为种种原因推出中国特色的 A 股，有其逻辑性，可以理解。但是，一个不与国际惯例接轨的制度保持 30 年基本不变，本身就是最大的问题。邓小平说过：“不管黑猫白猫，能捉老鼠的就是好猫。”好的制度可以把坏人变成好人，坏的制度可以把好人变成坏人。令人不解的是，成熟股市的制度明明是经过历史考验的成功的制度，我们为什么非要另搞一套，非要把成熟股市经历的种种磨难再重演一遍，而不与国际惯例接轨呢？

首先，现股票发行制度、退市制度存在一些隐患。一方面，独有的“大跃进”式发新股，退市则有独特的 ST（指境内上市公司被进行特别处理的股票，也是退市风险警示）过渡期保驾，退市困难重重，这致使上市公司数量在 20 年间从 1 000 家猛增到 4 000 多家；另一方面，独有的新股不全流通上市，形成万亿级限售股的堰塞湖。二者造成现实与未来双重供过于求，这成为牛市短、熊市长的罪魁祸首。

其次，现有交易制度存在种种不公平，尤其 1996 年推出了全球唯一的股票交易涨跌停板制度，以及此前取消 T+0、实行独特的 T+1 交收制度，从而造成不同市场交易制度的不公平，股票交易 T+1 与股指期货 T+0 交易制度的不公平（T+1 鼓励做空，卖出当天可买，买入当天不可卖），主板 10% 涨跌停板与科创板、创业板 20% 涨跌停板交易制度的不公平，最终导致主板边缘化。具有讽刺意味的是，为控制过度投机风险推出的涨跌停板，反过来却加大了过度投机风险。因为市场大资金可以凭借资金筹码优势连续涨停、连续跌停，操纵股票。上述制度重大隐患，随着国务院金融稳定发展委员会 2020 年 10 月底提出全面实施注册制，建立常态化退市机制，有望得到明显改观。

更令人不满的是，不同市场开户门槛不公平，科创板、股指期货、期权、融资融券、港股通门槛为 50 万元，创业板为 10 万元，而主板没有开户门槛。凭什么小散户没有权利通过跨市操作对冲风险？ 开户门槛不同，有利于大资金跨市操作，制度套利，割韭菜。长此以往，交易制度的不公平有可能导致市场低迷。

在制度建设上，建议股票交易尽快实施 T+0，一方面可以与股指期货交易的 T+0 匹配，实现交易公平；另一方面可以利于投资者买入后及时纠错，控制风险，这一点对实行 20% 涨跌停板的科创板和创业板，尤其是不限涨跌幅的新股交易，尤为重要。最后建议降低股指期货门槛，使散户也可以用股指期货对冲指数下跌风险，降低市场暴跌的抛售压力。港股有面向散户的迷你恒指合约。

再说不干预。不干预是市场经济的精髓。股市作为市场经济的最高形式，却不断受到行政干预。顺便说两句，A 股之所以牛市短熊市长，就是市场在与政策博弈，抢在政策利空出台前，把行情做完。

最后，零容忍。到目前为止，它仍停留在纸面上。没有一家上市公司由于欺诈上市被处罚得倾家荡产，没有一起集体诉讼挽回了投资者的损失。在中国，A 股市场似乎可以合法抢劫亿万财富，无须承担任何责任。5 178 点暴跌，市值损失几十万亿元；公安部与中国证券监督管理委员会联合破获了一起外资做空 A 股案，但最后不了了之。如此下去，后来者将无所畏惧地一起联合收割中国韭菜。

有市场人士将本轮牛市称作“注册牛”，注册制改革是伟大的改革，伟大的改革将诞生伟大的牛市，现在的问题是，伟大的牛市会不会再次演变为伟大的出货。2005—2007 年的“股改牛”，难道不是跟随大小非到期解禁，演变为伟大的出货，最终以暴跌 70% 和长期熊市收场的？

全面实行注册制改革与中概股回归A股带来新股发行“大跃进”，注册制新股上市 3 年之后至少几万亿限售股到期解禁，社保基金会转持国有股万亿限售股于 2022 年到期解禁，外资的上万亿持股牛市高位兑现，二级市场的获利盘、套牢盘到那时谁来接盘？伟大的出货会把大盘砸到哪里去？注册制改革会不会使 A 股从制度性牛市变成制度性熊市？

解决限售股解禁的冲击问题，制度建设上可以从两方面入手。其一，注册制改革上市新股，全面实行全流通（为了防止大股东上市全部套现，设定最低持股比例以及解禁期），否则，未来解禁的限售股会变成堰塞湖。其二，上市公司限售股解禁，不许在场内交易，全部实行场外大宗交易，协议转让。双管齐下解决牛市最大的制度隐患。

从某种意义上讲，“九字方针”能否被真正地贯彻到底，决定本轮牛市能走多远走多高。

2020 年 9 月 9 日，上海股市成交金额 3 411 亿元，深圳股市成交金额 6 953 亿元，创业板成交金额 4 022 亿元，再创历史新高。上海股市日成交金额不足深圳股市一半，甚至被创业板大幅超过，从中我们看到创业板放开涨跌停板到 20%，市场焕发出了巨大活力。

我们从中也可以发现问题：35 万亿元流通市值的上海股市成交金额，被流通市值不到 7 万亿元的创业板大幅超过，这个史无前例的现象意味着什么？主板若不实行注册制，就存在被边缘化的风险。当然，主板边缘化的风险可以倒逼制度改革，推动 A 股与国际接轨，为启动制度牛市奠定基础。坏事也可以变成好事。

市场经济的精髓是自由交易，遗憾的是，资本市场交易在中国不太自由，受到了独特的交易制度的限制，以及独特的监管。令人尴尬的是，这一切的目的是帮助投资者控制风险，但结果却加大了投资者的风险。现实中，市场参与者往往喜欢研究如何钻制度的空子赚钱。英国启蒙思想家休谟有个著名的"无赖"假设：要使一个制度或规则有效，必须假定所有人都是无赖之徒。不纵容人性才能设计出不坏的制度。制度创新的悲哀，正在于市场的无赖，而市场的无赖正是对拒绝与成熟股市接轨的反抗。

20 世纪 30 年代，美国华尔街改革的成功归于领导改革的美国证监会主席约瑟夫·肯尼迪，他是个大投机家、大庄家。让擅长操纵市场的人判断市场操纵，让庄家阻止坐庄，让一只狐狸去看守鸡窝。这正体现了美国罗斯福总统的大智慧。中国股市制度设计尚不完善，根源在于没有与制度相匹配的中国股市文化，没有真正为股市正名。

第五节　伟大的泡沫孕育伟大的牛市

中国股民困惑的是，2020 年，美国受新冠肺炎疫情影响，经济严重下滑，但是美国股市却不断创出历史新高；中国疫情完全得到控制，人民生活逐步恢复正常，成为 2020 年全球唯一正增长的主要经济体。可是上证指数却横在 3 000 点附近不动。为什么?

中国和美国最大的差距不是金融、科技、军事，而是想象力和创造力。

“只要我们能梦想的，我们就能够实现。”这是刻在美国肯尼迪航天中心大门上的一句誓言。畅销书《我是最懂创造力的人物》的封底上写着：“强大的美国来自想象力和创造力。”

美国确实是一个富有想象力的国家。美国给人最大的想象力莫过于 2020 年 3 月，美股在史无前例的 4 次熔断崩盘 40% 后，不但没有趴下，而且以前所未有的速度收复失地，屡创历史新高，这场无法用技术分析和经济学理论解释的超级牛市，让专家最后只能解释为：有钱就涨，美联储提供无限流动性。

问题不是中国没钱，但 A 股就不涨!

中国对 A 股的预期和美国对美股的预期完全不同。

尽管美股泡沫指标已达到了历史最高水平，但依然能再创历史新高。仅凭 1972 年以来 48 年间美股涨了 30 倍的超级牛市，美股多头的想象力就已经出人意料了。如果有一天，牛市泡沫破裂，股市暴跌，那么此时正是抄底良机，而非卖出的时机。

反观 A 股，它虽在全球股市中估值很低，却乏人问津。2017—2020 年，北上资金的净流入量 4 年的比例为 2∶3∶3.5∶2，

2020 年大幅下降，这恰好反映了外资对 A 股 3 000 点上方风险的谨慎、疑虑态度。

必须强调的是，股市的实质是预期市场，是多头空头想象力的博弈，而不是用估值分析、抉择。更重要的是，预期是有惯性的，好的预期会持续，坏的预期也会持续。

有人认为，美股估值没有最高，只有更高；A 股估值没有最低，只有更低。这两种与估值方法背离的极端情绪，反映了美股多头的乐观想象力，A 股多头的悲观想象力。

“三年不鸣，一鸣惊人。”从逻辑的角度来说，“三年不鸣”与“一鸣惊人”无任何逻辑联系。“三年不鸣”，要么它是哑巴，要么它不会鸣，要么它会鸣不想鸣。总之，我们对这种离奇的现象，无法正常推理，只能合理假设：“三年不鸣”，也可能它一直都不鸣，无法直接从“三年不鸣”推出“一鸣惊人”。

但是，从想象力角度，我们可以尽情地夸张想象，所以不能排除“三年不鸣，一鸣惊人”的可能。

现在让我们尽可能地展开想象的翅膀吧！

道琼斯指数曾经有 78 年“不鸣”——78 年都趴在 1 000 点大关以下做俯卧撑，之后却“一鸣惊人”——30 年上涨 9 倍，站上 10 000 点。 我们可以想象，A 股 20 年“不鸣”——在 6 124 点以下做 20 年俯卧撑，之后“一鸣惊人”——10 年上涨 2 倍站上 10 000 点。这个目标能不能实现？我们要进行逻辑推理、可行性论证，甚至不可行性论证。

现在大家都希望牛市到来，但牛市未来能不能实现，仍然是不确定的。实现牛市需要什么条件，这属于可行性论证。

反之，不可行性论证。我们想象最坏的结果，就是可能实现不了，可能长时间实现不了，在极端情况下也可能永远实现不了，道琼斯指数遇上两次世界大战和大萧条，在 1 000 点以下等待了 78 年，足足熬死了一代人。

我们必须考虑什么因素会阻止 A 股迎来大牛市。

A 股牛市已经远离我们 13 年了。有关部门应尽快组织有真才实学的专家对 A 股大牛市进行论证，同时展开可行性论证、不可行性论证。

切忌认为 A 股牛市是理所当然、必然发生的。历史证明，无论牛市的持续井喷还是大顶后持续暴跌，其程度都远超出监管层的预期，绝不能让历史的悲剧重演了。

必须强调的是，无论金融危机、经济衰退，还是美股泡沫崩盘、长期熊市，在美股多头想象力中都不用担心。这不是失去理性后的疯狂，而是受尽煎熬后的成熟。

历史已经证明，美国曾许多次转危为机，尤其在危机中，美国善于把别人拉下水，自己却登上方舟，从危机中谋得发展。在全球霸权的争夺战中，美国轻易地打败了英国、日本、苏联，国运确实不错。正因如此，美股多头的想象力充满了乐观主义，进入良性循环。反之，A 股多头的想象力充满了悲观主义，不想牛市只想解套。

需要强调的是，美股多头的牛市信仰有强大的政治基础和资金基础。华尔街名言：永远不要和美联储作对。美国总统与美联储是美国股市最大的多头。美联储 2020 年 3 月闪电救市的超级组合拳可谓众所周知，美联储的底牌是必要时直接入市买股。特朗普是第一个公开把美股与自己绑在一起的美国总统，一再强调美股牛市是自己的政绩，一再威胁美国民众，一旦自己连任落选，美国股市就会崩盘。不过恐怕谁都没法否认，2020 年美国股市大牛不败，成为美国经济一度停摆时社会稳定的重要支柱。美国政府的重要目标是房市与股市至少有一个是牛市。美国是消费主导型国家，只要楼市和股市里有一个牛市，美国人就不会停止消费，所以从理论上讲美股可以一直牛下去。巴菲特的遗嘱是，剩下的遗产只有 10% 买美国短期国债，其余 90% 全都去买标准普尔 500 指数信托。

相对照的是，曾有官员恳切地奉劝散户离开股市，有关方面消极做多，积极做空。利空组合拳从来都是高效的。但是，利多政策制度的出台是需要等待的，以年为单位计算。比如，2019 年中国证券监督管理委员会表示，为适应证券业对外开放竞争加剧，要通过并购重组打造中国证券业航母。结果，一年过去了，外国券商进来了，但中国证券业航母只见辟谣不见进展。直到 2020 年 9 月底，国联证券与国金证券两个中型券商上市公司合并，因提前一日走漏消息股价异动，引来监管调查，胎死腹中。作为牛市龙头的证券板块在经历一年整理以后，只能在短期上涨后继续整理。

2020 年 4 月，国务院金融稳定发展委员会提出发挥好资本市场枢纽作用，放松和取消不适应发展需要的管制。业内曾有猜测，A 股或将推出 T+0 交易制度。全国政协委员贺强自 2012 年以来连续 5 次向中国证券监督管理委员会提交了关于恢复股市 T+0 交易的提案，又于 2020 年建议在科创板率先实现 T+0；之后上海证券交易所终于表示要研究科创板 T+0，但不知还要研究多少年。

毛泽东说："没有文化的军队是愚蠢的军队，而愚蠢的军队是不能战胜敌人的。"中国股市之所以没有长期牛市，没有牛市的文化恐怕是一个重要原因。古人云：名不正则言不顺，言不顺则事不成。所以，A 股欲迎长牛，首先要为牛市、泡沫、股民正名。

当然，监管部门的苦衷也可以理解。一提牛市，难免就会出现全民炒股。这样风险太大，很容易引发泡沫迅速膨胀破裂。但是，无泡沫就成不了啤酒，无泡沫就没有股市。殊不知，只有伟大的泡沫才能产生伟大的牛市。苹果、微软、谷歌、亚马逊、特斯拉等科技巨头，不都是踩着因纳斯达克崩盘而导致的数千家退市企业的尸骨成长起来的吗？这五大科技公司，正是今天标准普尔 500 走牛的主力军。泡沫破裂风险的后果，市场可以自发地承担。

同时我还有一点建议，政府官员应该接受黑天鹅思维训练。

曾经，欧洲人认为天鹅都是白的，所以在《天鹅湖》里，白天鹅的近亲黑天鹅被妖魔化。16、17 世纪到了澳大利亚以后，欧洲人才知道世上真有黑天鹅。我们确实需要加强黑天鹅思维训练，不要让超预期的、具有毁灭性的黑天鹅事件发生。A 股历史上的亿万股民称得上是多灾多难，天灾人祸都赶上了，希望有关部门重视起来。

A 股“5 · 19 行情”，也就是 2 245 点牛市，其实当时的情形与现在相似。中国驻南斯拉夫大使馆被炸事件使中美关系滑到了低谷；亚洲金融危机造成中国出口困难，经济上面临保增长保就业的压力。“5 · 19 行情”的初衷就是通过股市财富效应刺激消费，支持“保 8”。20 多年过去了，官员中懂股市、懂资本市场的人似乎依然不多。

如果 A 股真是经济晴雨表，那么我们有理由相信它应是全世界表现最好的股市。可惜，目前 A 股还不是。有效市场，涨多了就跌，跌多了就涨，市场价格围绕价值波动，A 股是失效市场。现在的中国经济更需要 A 股牛市，但遗憾的是，只要股市一上 3 000 点，各种利空就接踵而来，舆论降温、国家队减持、查场外配资、限制公募发行、加快新股扩容，这套利空组合拳，再加上大洋彼岸的利空配合，自然就被打了下来。6 124 点暴跌很可能使牛市推迟 20 年，之后，5 178 点暴跌又遇证监会主席换帅，牛市再次遇冷了。其实，我们细思这个问题，历任证监会主席都有五大行行长的经历，难免会用管银行的那一套来管股市，融资越多越好，指数涨多了有泡沫，跌多了有系统性金融风险，所以平稳就好。如此，股市何来牛市？

没有牛市，截至 2020 年 8 月中国股市的融资额度已经超过 2019 年全年，股市如何承受得了全面实施注册制改革带来的巨大扩容压力？没有牛市，上海证券交易所科创板、创业板注册制如何向各类科技企业敞开大门？没有牛市，上证指数一天成交 2 000 亿元，一次性融资 500 多亿元的中芯国际何以平稳上市？更不要说超级航母中概股回国上市的问题。追求无风险的牛市本身就是最大的风险。不能又要马儿跑，又要马儿不吃草。天底下哪有那么便宜的事。到底是追求多赢的慢牛还是“多输”的慢熊？

股票不是彩票，风险与收益要对称。彩票舍小本博大奖是娱乐，无所谓赔赚。股票以小博大，以大博大都可以，但不能以大博小或亏损——那是玩命，傻瓜才会干。尤其是全面实施注册制和退市常态化的今天，市场风险急剧上升，赚大钱的机会却几乎没有，总不会逼股民退市吧？别把亿万股民当傻瓜。尊重炒股的权利与自由。大盘炒作与个股炒作至少放开一个。如果说大盘暴涨暴跌有系统性金融风险多少可以理解，那么一只或多只个股暴涨暴跌何来系统性金融风险？市场“警察”的神经是不是过于脆弱了？

中国股市流行一句话：股市无专家，只有赢家和输家。这很奇怪。中国股市为什么无专家？并非此行业不需要专家，恰恰相反，此行业无专家不行。7 亏 2 平 1 赢，以上海证券交易所的统计为证。2016 年 1 月至 2019 年 6 月，散户年化收益是亏损的，机构的择时年化收益也是亏损的。

一个最需要专家的行业偏偏没专家，不能不说是中国股市的悲哀。我们见到的许多股市专家和“大V”，别说是正确预测市场走势，就是连事后诸葛都做不好，对已经发生的事情也常常无法解释其中真正的原因。专家们常常以不变应万变，股市上涨了，找一堆利多；股市下跌了，就找一堆利空。以其昏昏，使人昭昭。

这些年来，股评家的地位有所提高，但股民成为一茬茬被割的韭菜，成了“钱多人傻”的代名词。我在网上看到了一个20多岁白领的征婚启事，其中特别声明，要求男方无赌博和炒股等不良嗜好。为防他人耻笑，职业股民大都隐瞒身份，像地下工作者一样，这是股民现实境遇的写照。如此下去何来牛市？

中国股市要终结长期熊市，走向长期牛市，必须为牛市正名，为泡沫正名，为股市正名。当然，也许只有到了中国股市走向长期牛市屡创历史新高，取代美股成为全球股市龙头之时，股民在中国才会成为更受人尊重的职业。

2020年12月19日是上海证券交易所成立30周年。回首过去，中国股民为中国证券市场的创立和开放，为中国经济转型和发展高科技产业做出了重大贡献。这一点历史是不会忘记的。问题是，中国股民不是不计亏损的，他们入市的初衷是从中国经济发展和上市公司业绩增长中得到回报，从牛市的上涨中得到回报。他们几十年如一日的牛市信仰，终有得到丰厚回报的一天。这一天已进入倒计时。

第二章　得周期者得 A 股

A 股为什么总是牛市短熊市长？为什么会经历那么多井喷和暴跌？何时能够突破 6 124 点迈入真正的大牛市？类似 6 124 点、5 178 点暴跌会不会再次重演？ A 股未来十几年的牛市能否准确预测？所有这些问题可以从本章介绍的上证指数实战预测系统原理及实践应用中找到答案。

我每天站在北京家中的大落地窗前眺望远方的群山，总是在提醒自己，要站得高看得远。当然，站在山顶和站在半山腰上看，感受肯定是不一样的。但更重要的是，你用什么样的工具看，用肉眼看与用望远镜看的效果肯定是不一样的。要站得更高看得更远，你就要站在巨人的肩膀上。

研究股市可分三派，研究指数相当于站在平地上，研究成交相当于站在高楼上，研究周期相当于站在山顶上。当然股市周期不像春夏秋冬那么简单。

从逻辑角度来讲，所有大顶大底都在周期里发生，但周期里出现的不一定都是大顶大底，周期是大顶大底的必要条件，不是充分条件。举例来说，周期是大学生，大顶大底是北京大学学生，北京大学学生一定是大学生，大顶大底一定在周期里发生，但是反过来，大学生不一定都是北京大学学生，周期里出现的顶或底不一定是大顶或大底，所以，要证明某人是北京大学学生，先证明他是大学生，然后再论证这个大学生是北京大学学生的概率，比如，他是省级高考状元、高考达到一本线、获过国际奥林匹克某竞赛大奖、一流高中尖子生。

量价关系分析可以让我们知道大顶大底出现的概率有多大。因此，我们将周期和量价关系结合起来，就可以知道大顶大底应该在什么时候发生，发生的概率有多大，由此获得结果的准确率可以达到 80% 以上。

上证指数实战预测系统包含了影响 A 股运行规律的几大要素，周期轮回、神奇数字、形态相似、量价关系（现货、期货）、美元指数等。为什么设置的指标这么多？原因很简单，我要排除各种外界干扰，确定顶部与底部发生的概率与级别，力求大顶大底的预测准确率达到 100%，而且力求把所有有操盘价值的顶部和底部都包括在内。

金融市场的运行是有其内在规律的，但金融市场反映人类活动，所以它既是客观的也是主观的，与纯粹反映客观的自然科学不同。比如，珠穆朗玛峰就矗立在那里，无论你是否承认它的存在，它都依然如故，亘古未变。然而，金融市场却不是这样的，人们的关注度和态度，也就是群体意识、群体心理，不仅是市场波动的被动反映，而且会反作用于市场，强化或弱化市场波动，甚至在一定程度上可以改变市场性质。这就是索罗斯的反身性。

正是因为这一问题的复杂性，A 股市场客观规律研究才不同于对纯客观事物的研究，兼有科学的客观性和艺术的主观性双重特色，以前者为主导，由后者做修正，并在一定程度上形成二者统一。我的上证指数实战预测系统正是在这样的条件下完成构造与升华的。

绝大多数证券投资者的致命弱点，就是想一夜暴富。其实，A 股市场的涨跌停板交易制度能保证让你无法一夜暴富。既然不能靠短线剧烈波动一夜暴富，你为什么不在趋势上做足功课，追求更具确定性的趋势暴富和复利暴富？

遗憾的是，大多数研究趋势的人所使用的方法过于平庸，如果用人人皆知的消息及技术指标可以暴富，股市岂不是成了每个人的自动取款机，何来七亏两平一赚？

我跟踪的一位预测指数的高人说，决定牛熊转换的三层因素中，指数是儿子，成交是爹，周期是爷爷。指数地位为什么最低？原因很简单，它的准确性最低，短期指数走势可操纵，北上资金一天几十亿的净流入或净流出，大体可以决定当天的涨跌。但大盘当天的成交金额难以操纵，更不用说要改变上证指数涨跌周期了。

国内专业人士，比如很多网络“大 V”，大多属于第一层面研究指数，少数是第二层面研究成交金额。据我所知，国内公开研究 A 股周期的人，也就是属于第三层面的人，屈指可数。中国股市预测第一人鲁兆老先生算一个，我可以算一个，刚才提到的那位高人算一个，但他的方法未公布，此人 2021 年年初多翻空，称几年后才有指数趋势行情，可推测他研究的主要是两年周期。鲁兆的方法公布了一些，周期是其中的一部分。我的周期系统与他不一致，只有个别周期预测方法来自他的研究。

常言说，耳听为虚，眼见为实，但是你看见的指数可能是假象。唯物辩证法强调透过现象看本质；本质决定现象，现象是对本质的反映。成交变化决定指数变化，周期是决定量价运动方向的更高层次的本质规律。

其实，真理很简单，但真理掌握在少数人手中。我幸运地站在巨人的肩膀上，修炼成了少数掌握真理的人。

炒股三重境界：第一重境界，衣带渐宽终不悔，为伊消得人憔悴；第二重境界，众里寻他千百度，蓦然回首，那人却在灯火阑珊处；第三重境界，独上西楼，望尽天涯路。

笔者 1993 年 3 月入市，在第一重境界蹉跎了近 20 年才进入第二重境界，找到了周期，成为“事后诸葛”。然后以构建完善多周期共振系统为基础，笔者创建了上证指数实战预测系统，从而进入第三重境界。“事后诸葛”升华为“事前诸葛”，基本上可以洞察 A 股未来。

第一节　周期幽灵：历史轨迹惊人相似

《共产党宣言》第一句话："一个幽灵，共产主义的幽灵在欧洲徘徊。"一个幽灵，周期的幽灵在中国乃至全球资本市场徘徊，让投资者陷入井喷的疯狂和暴跌的恐惧的轮回。

2020 年 3 月，美国股市暴跌，一周连续 4 次熔断，震惊了全世界。人们将美股暴跌归结于新冠肺炎疫情所引发的股市泡沫破裂。殊不知，引发暴跌最重要的因素是周期。

2007 年 10 月 11 日，道琼斯指数 14 198 点形成大顶，恰逢道琼斯指数 1987 年 10 月 19 日暴跌 20 年周期（日跌幅达到创纪录的 22.6%）。无独有偶，2020 年 3 月正好是纳斯达克股市暴跌 20 年周期。2020 年 3 月 9 日，美股开盘暴跌，美国三大股指全部熔断，纳斯达克综合指数暴跌 7.2%，恰好对应 2000 年 3 月 10 日纳斯达克综合指数在创造了 5 048 点的最高纪录后暴跌，一直跌到 2002 年 10 月 10 日的 1 108 点。纳斯达克 80% 的企业跌幅超过 80%。

令人震惊的是，周期的神奇轮回在 A 股市场更是屡见不鲜、层出不穷。

为什么 2008 年 A 股跌幅近 80%？为什么 2018 年 A 股单边下跌领跌全球？专家学者的解释是，前者因为全球金融危机爆发、中国经济跳水、牛市泡沫破裂，后者则缘于中美贸易争端、中国金融去杠杆、蓝筹泡沫破裂。其实这些都是外因，决定 A 股大调整形态与时间的主要是内因，即 A 股的周期。

为什么 2018 年 1 月 29 日 A 股由 3 587 点跌到 10 月 19 日的 2 449 点？因为 2008 年 1 月 14 日 A 股由 5 522 点跌到 2008 年 10 月 28 日的 1 664 点，这是 10 年周期的作用。更奇妙的是，这两次暴跌来源于历史更久远的类似的暴跌。1993 年 2 月 16 日 A 股由 1 558 点跌到 1993 年 10 月 25 日的 774 点。1993 年暴跌在周期轮回中首次大显身手，借 15 年周期引发 2008 年暴跌，然后，借 25 年周期再次登场引发 2018 年暴跌。此外，它还借 20 年周期影响 2013 年 6 月急跌近 500 点，形成 1 849 点大底（唯独在江恩看中的 10 年周期 2003 年未见效，也许是由于 2001 年 6 月 2 245 点到 2003 年 1 月 1 311 点的暴跌已经提前消化了周期的暴跌隐患）。

以此类推，未来十年首先需要警惕的是，1993 年暴跌利用 30 年周期影响 2023 年，2008 年暴跌利用 20 年周期影响 2028 年。其次，2015 年 5 178 点暴跌利用 10 年周期影响 2025 年。

值得注意的是，2015 年 5 178 点暴跌也与周期有关。分析上证指数 K 线图，我们可以发现 1995 年 5 月的井喷暴跌程度比 2015 年更疯狂，3 天从 577 点涨到 926 点，涨幅达 60%，4 天从 926 点跌到 672 点，跌幅近 30%，其后小幅整理到 6 月 15 日，再次破位大跌 6%，直到 7 月 4 日 610 点止跌反弹。看到这里，你会相信 20 年后，2015 年 6 月 15 日，A 股从 5 176 点开始大跌，直到 2015 年 7 月 9 日跌到 3 373 点，经国家队救市才反弹，这仅仅是时间上的巧合吗？我认为或许股市最大的秘密就是，主导市场的大资金其实是按周期操作的。

自然界春夏秋冬季节交替，股票市场自然也有牛市、熊市的周期交替。20 世纪伟大的投资家江恩首先发现股市周期，形成江恩周期理论，并指导美股交易。然而，本节阐述的可用于上证指数实战预测的多周期共振系统和案例分析是我独创的。与江恩周期理论无关，直到写此书时我才在网上搜索了这个词，我也从未看过任何有关周期理论的书。如有雷同，纯属巧合。

下面首先介绍笔者上证指数实战预测系统的核心：多周期共振系统。

一、神奇的 83 月周期与 7 年周期：大顶大底，一网打尽

首先声明，我研究的周期并不是许多人都知道的节气周期（上证指数会经常在节气前后出现拐点，但是以短期拐点居多），更不是斐波那契数列（1、2、3、5、8、13、21、34、55、89、144……）。历史上的大顶大底，基本都不满足斐波那契数列，比如，998 点到 6 124 点，是 28 月；1 849 点到 5 178 点，是 24 月；6 124 点到 5 178 点，是 92 月；998 点到 1 849 点，是 96 月。其实道理很简单：如果是在市场都知道的周期中出现，人们都知道何时抄底何时逃顶，那么大资金如何赚钱？

只有研究未知的神秘的周期，我们才能知道过去未来的大

顶大底是如何发生的，知道现在处在历史的什么位置。我研究的是掌控 1990 年 12 月发布上证指数以后的全部大顶大底的超级周期。

在超级周期中，我首先发现的是神奇的 83 月周期。

大概在 2009 年我看到鲁兆先生提到一句话，83 月周期可以预测上证指数。我摸着石头过河，以 83 月为尺子，把历史上的大顶大底串联起来。摸了几个月之后，我一共寻找到了 10 条线，10 条线串联了上证指数自 1990 年 12 月发布以后全部的大顶大底。当然，这也应该包括未来的全部大顶大底。

以下是 83 月周期十条线中的第五条：

1994 年 7 月 325 点大底，9 月 1 052 点大顶，2001 年 6 月 2 245 点大顶（325 点后 83 月，1 052 点后 81 月），2008 年 6 月 3 783 点大顶（ 2 245 点后 84 月），2015 年 6 月 5 178 点大顶（84 月）。这是否预示 2022 年 3—7 月 5 000 点大顶？并且届时 83 月周期与 30 年周期（1992 年 5 月 26 日 1 429 点大顶）大顶共振？

以下是 83 月周期十条线中的第七条：

1996 年 1 月 512 点大底，2002 年 11 月 1 348 点大底（82 月），2003 年 1 月 1 311 点双大底（84 月），2009 年 8 月 3 478 点大顶（1 348 点后 81 月），2009 年 11 月 3 361 点大顶（1 348 点后 84 月，1 311 点后 82 月），双大顶对双大底！按 3 478 点的周期，2016 年 5—9 月，（按 3 361 点的周期，2016 年 8—12 月，双失效。

83 月周期实战预测第一例：2010 年 1 月，当券商一片看好 4 000 点预测时，笔者在《股市动态分析》上发表《83 月周期揭示 3 478 点大顶》，预测 3 478 点作为 83 月周期之大顶，“3 478 点 2 年内无法有效突破，C 浪回调 30%（上证指数跌幅 1 000 点左右）。”这一预言被历史验证。其一，3 478 点成为未来十年重大阻力，直到 2015 年、2018 年分别被 5 178 点、3 587 点行情假突破一次，两次假突破最后分别以 50%、30% 暴跌结束。其二，C 浪回调近 50%，上证指数跌幅 1 629 点。

我还发现大顶大底的共同特征。所有非 83 月周期出现的顶部底部，都不是大顶大底，2 年之内必然被击穿，而 83 月周期出现的顶部底部，基本上属于 2 年之内不允许被击穿的大顶大底。更耐人寻味的是，历史上凡是 2 年之内击穿 83 月周期出现的顶部底部的走势，都会遭遇历史规律的严惩，市场会以反转走势进行报复性修正。

2015 年 2 850 点底，在 2016 年 1 月被击穿跌到 2 638 点，随之开启长达 2 年的反弹 2 638 点到 3 587 点，2008 年 2 990 点底被击穿跌到 1 664 点，随之开启 1 664 点到 3 478 点行情。

上面两次报复性反弹修正比起下面的报复性反转，可谓小巫见大巫。

1992 年 5 月 1 429 点大顶，被 3 个月井喷击穿，由 386 点涨到 1 558 点，结果导致由 1 558 点跌到 325 点，一年半暴跌 80%。反过来，正因为 1992 年 11 月 386 点大底，被 1 558 点到 325 点暴跌击穿，结果导致 325 点到 2 245 点，7 年涨 6 倍，迎来超级大牛市。反过来，正是因为 2001 年 6 月 2 245 点取代 2001 年 1 月 2 131 点大顶，结果导致 2 245 点到 998 点，4 年跌近 60%。同样，正因为 2002 年 1 339 点、1 311 点，2003 年 1 307 点，这三底被 2 245 点到 998 点暴跌击穿，结果导致了 998 点到 6 124 点，2 年涨 5 倍的超级大牛市。

特别值得注意的是，上述两次超级大牛市都是以击穿前一个 83 月周期大底为启动点的。1 849 点到 5 178 点牛市失败，除了没有得到长周期牛市主升浪周期的支持外，启动点 1 849 点并未击穿前一个 83 月周期大底 1 664 点，这是一个重要的内因。如此得出极为重要的推断，本轮牛市启动点 2 440 点，既击穿了前一个 83 月周期大底 2 449 点，又得到长周期牛市主升浪周期的支持，满足启动超级大牛市的条件。

当然，神奇的 83 月周期也存在缺陷。83 月时间之窗（81—85 月），算上前后两个月，长达 5 个月，预测范围大；而且存在 83 月周期失效的情况，不够精确。这是我继续研究其他周期，以建立多周期共振系统的出发点。

我的第二个重大发现是，与 83 月周期密切相关的 7 年周期（即 84 月周期），是掌控上证指数走势的最重要的周期。

所谓神奇的 7 年周期循环，即大底年—井喷年—大顶年—暴跌年—振荡年，5 种形态每隔 7 年循环一次。前 4 种形态每隔 7 年精准定位。

1. 大底年：以月收盘价计，以下大底都未曾被击穿。

1991 年 105 点，到 1998 年 1 043 点，到 2005 年 998 点，

到 2012 年 1 949 点，到 2019 年 2 440 点，2026 年是下一个大底吗?

2. 井喷年井喷段最大涨幅（50% 到 400%）。

1992 年 386 点到 1 558 点，3 个月涨 400%；1999 年 1 047 点到 1 756 点，2 个月涨 70%；2006 年 1 833 点到 2 698 点，2 个月涨 50%；2014 年 2 033 点到 3 239 点，6 个月涨 60%；2021 年涨 40%？

我认为大底年的第二年为井喷年，但受 20 年周期干扰，从 2013 年起井喷年滞后一年。

2014 年之后的下一个井喷年不是 2020 年，而是 2021 年，最主要的理由是，与过去的井喷年相比，2020 年井喷段最大涨幅（ 15%，2 984 点到 3 458 点）与以往井喷年差距太大。

3. 大顶年（基本形成 5 年以上大顶）。

1993 年 1 558 点；2000 年 2 125 点，2 245 点可以被认为是 2 125 点的假突破；2007 年 6 124 点；2015 年 5 178 点，受 20 年周期干扰推迟 1 年。2022 年到 2023 年是 5 000 点吗？会在 5 000 点下方形成大顶吗?

4. 暴跌年的年最大跌幅（30%—70%）。

1994 年 −60%；2001 年 −30%；2008 年 −70%；2015 年 −45%。2022 年到 2023 年会是在 5 000 点下方跌到 3 500 点，跌幅近 30% 吗？受 30 年周期干扰推迟 1 年?

5. 振荡年的区间震荡

1995—1998 年，500 点到 1 500 点；2002—2005 年，1 000

点到 1 800 点；2009—2014 年，1 800 点到 3 500 点；2016—2020 年，2 400 点到 3 500 点。2023—2025 年，会是 4 000 点正负 500 点的区间吗?

值得注意的是，7 年周期不仅可以确定某年走势的性质，还可以较好地对应一年走势的高低点。以下我们可以看到，7 年周期对本轮牛市的精准引导：

2011 年 10 月 24 日 2 307 点到 2018 年 10 月 19 日 2 449 点；

2012 年 1 月 6 日 2 132 点到 2019 年 1 月 6 日 2 440 点；

2012 年 3 月 14 日 2 476 点到 2019 年 3 月 7 日 3 129 点；

2012 年 5 月 4 日 2 453 点到 2019 年 4 月 22 日 3 279 点；

2012 年 12 月 4 日 1 949 点到 2019 年 12 月 3 日 2 857 点（当年最低点是 2019 年 8 月的 2 733 点，时间偏差较大）；

2013 年 2 月 18 日 2 444 点到 2020 年 2 月 21 日 3 058 点；

2013 年 6 月 25 日 1 849 点到 2020 年 3 月 19 日 2 646 点（2020 年 6 月最低 2 871 点，时间偏差较大）；

2013 年 8 月 16 日 2 198 点到 2020 年 8 月 18 日 3 456 点；

2013 年 9 月 27 日 2 149 点到 2020 年 9 月 30 日 3 202 点；

2013 年 10 月 14 日 2 242 点到 2020 年 10 月 19 日 3 371 点；

2013 年 10 月 29 日 2 093 点到 2020 年 10 月 30 日 3 219 点。

但是，有些专业人士单独以 7 年周期预测市场，出现了明显错误。其原因主要有二：第一，神奇的 7 年周期循环从 1992 年到 2012 年完全主导上证指数走势的历史结束了。2013 年 7 年周期应当是井喷年，结果，当年不但没有井喷反而出现暴跌，形成 1 849 点大底。其中的奥妙在于，7 年周期受到了当时刚刚登场的 20 年周期干扰，因此 2013 年的井喷年推迟至 2014 年，原应在 2014 年出现的大顶推迟至 2015 年。

第二，自 2013 年起，多周期共同影响上证指数走势，依靠单一周期的预测容易出错。比如，以 7 年周期预测，从 2012 年到 2019 年，我们会认为 2019 年的底部应在 12 月，大底出现在 2020 年 6 月，可最终结果是 2019 年的底部 2 733 点出现在 8 月，大底 2 685 点、2 646 点分别出现在 2020 年 2 月、3 月，这不能简单地归因于神秘资金护盘，真正的原因是，7 年周期受到 25 年周期干扰（1994 年 7 月底为全年最低，对应着 2019 年 8 月的 2 733 点，1995 年 2 月为全年最低，对应着 2020 年 2 月的 2 685 点，以及 3 月的 2 646 点）。

现在的问题是，下一个 7 年周期循环，大底年—井喷年—大顶年—暴跌年分别会发生在哪一年？受 2020 年登场的 30 年周期干扰，7 年周期会不会再次偏移？也就是，井喷年是 2021 到 2022 年，大顶年是 2022 到 2023 年，暴跌年是 2023 到 2024 年吗？问题的关键在于，未来的大牛市中 7 年周期是否还可以继续发挥主导作用；如果可以，市场预测就可以大大简化了。

我发现，用多周期共振系统可以解决上述问题，无论是当年性质定位、顶部底部时间，还是当年级别定位，我们都只需看 7 年周期是否受到其他周期影响（同向共振或反向干扰），就可以做出判断。

二、短周期与长周期之争，牛市即将收官还是开始？

A股市场自成立以来就有个逃不开的魔咒——“牛不过三年”。2020年3 458点见阶段顶后，市场就在争论牛市是处于早期还是中后期。如果按“牛不过三年”的2年周期计算，当时牛市已到中后期。2年周期，也称100周周期，代表一段中长期趋势结束或暂停。

上证指数问世30年来，2年周期一直神奇地控制着市场涨跌的节奏——市场涨跌都超不过2年。

1990年12月95点到1992年11月386点；

1993年2月1 558点到1995年2月524点；

1995年2月524点到1996年12月1 258点阶段顶；

1997年5月1 510点到1999年5月1 047点；

1999年5月1 047点到2021年6月2 245点；

2005年6月998点到2007年5月4 335点阶段顶；

2008年10月1 664点到2010年11月3 186点；

2009年11月3 361点到2011年12月2 134点；

2010年11月3 186点到2012年9月1 949点；

2011年4月3 067点到2013年6月1 849点；

2013年6月1 849点到2015年6月5 178点；

2016年1月2 638点到2018年1月3 587点；

2018年1月3 587点到2020年2月2 685点；

2018年10月2 449点到2020年9月3 202点；

2019 年 1 月 2 440 点到 2020 年 12 月 3 325 点。

2 年周期，绝大多数是底部到顶部、顶部到底部、个别底部到底部、顶部到顶部。比如 1990 年 12 月 95 点到 1992 年 11 月 386 点，2007 年 5 月 4 335 点到 2009 年 6 月 3 454 点。

当然，如果换个角度看 2 年周期，2018 年 10 月 2 449 点到 2020 年 8 月 3 456 点底部—顶部，可推断 2019 年 1 月 2 440 点到 2021 年 1 月 3 588 点附近？底部—顶部，我们似乎可以推论本轮牛市即将结束。但是，细想起来这很荒唐，A 股历史上有过 2 440 点到 3 588 点两年涨 50% 就结束的牛市吗？所以，问题的关键在于，此一时彼一时，本轮牛市恰恰不是历史上 2 年周期主导的快牛市，而是由 5 个长周期主导的超级慢牛市。

周期最重要的警示作用是，告诉你今天对应的是历史上的哪一天。比如，2021 年 1 月按 30、25、20、15、7 年周期推算，分别对应的是 1991 年 1 月、1996 年 1 月、2001 年 1 月、2006 年 1 月、2014 年 1 月。打开上证指数月 K 线图，我就知道 2021 年 1 月是站在历史上五轮牛市周期中，而且是其中四轮牛市的启动期，即将开始的是第六轮牛市。

除 7 年周期外，其余长周期是如何主导 A 股牛市的呢？这是鲜为人知的规律。

10 年周期的影响始于主导拉动 2005 年 998 点到 2007 年 6 124 点，对照 1995 年 524 点到 1997 年 1 510 点。15 年周期参与这次超级大牛市，对照 1990 年 95 点到 1993 年 1 558 点。

15 年周期的影响始于主导拉动 2008 年 5 522 点到 1 664 点，对照 1993 年 1 558 点到 775 点。

20 年周期的影响始于主导拉动 2014 年 1 974 点到 2015 年 5 178 点，对照 1994 年 325 点到 1995 年 926 点。

25 年周期的影响始于 2018 年 3 578 点到 2 449 点，再到 2019 年 2 733 点，对照 1993 年 1 558 点到 775 点，再到 1994 年 325 点。

30 年周期 2020 年 12 月首次登场，预示 2020 年 12 月应为世纪大底，可以走出 17 年超级大牛市，对照 1990 年 12 月 95 点到 2007 年 6 124 点。据说，江恩最看重 30 年周期。祝 30 年周期给 A 股带来好运。

下面介绍我经过十几年的周期研究所形成的多周期共振系统。这个系统既可以比较精确地预测上证指数的未来，又可以比较精确地解释过去。

多周期共振系统包括，超长周期：7 年、10 年、15 年、20 年、25 年、30 年。以此类推，按上证指数发布时间 1990 年 12 月，每增 5 年加一个周期；中长周期：83 月周期、100 月周期（8 年半）、100 周周期（2 年）。

以下是笔者的多周期共振系统对 2020 年股市走势的回顾性总结：

2020 年 2 月 4 日 2 685 点，同时满足 25 年、20 年、15 年、10 年周期共振见底；

2020 年 3 月 2 646 点满足 83 月周期大底（2 685 点被击穿，

与 3 月美国股市暴跌有关，也与 2 685 点不满足 2020 年 83 月时间之窗有关）；

2020 年 7 月以 9 个交易日 400 点完成三浪 3 之 1（3），3 458 点阶段顶，满足 7 年、10 年、15 年、20 年、25 年五大周期共振启动牛市条件，之后进入 3 之 1（4）高位震荡。3 之 1（5）见 3 456 点未突破 3 458 点失败，进入 3 之 2 调整。

2020 年 11 月 2 日 3 209 点进入 3 之 3。

2020 年 12 月突破 3 458 点，至今最长的新周期 30 年周期首次登场。

2021 年处在上证指数历史上 5 次大牛市（95 点到 1 558 点、325 点到 2 245 点、998 点到 6 124 点、1 849 点到 5 178 点、2 440 点到？）的门口，这次大牛市最长可以走 17 年，可以突破 10 000 点。未来 10 年是上证指数的战略机遇期，尤其是 2022 年到 2023 年、2026 年到 2027 年。我们如果不抓住这两个窗口期分别突破 5 178 点和 6 124 点，那么中国的大牛市恐怕还要推迟 5 到 10 年，等 2030 年下一轮多周期共振支持下轮牛市 2032 年到 2033 年，2036 年到 2037 年再创历史新高。

根据多周期共振系统，长周期为主导规律。25 年周期可以支持牛市走 12 年，30 年周期可以支持牛市走 17 年。这两个长周期至少可以支持本轮牛市第五浪突破 6 124 点，创历史新高，甚至可以支持 10 000 点。这无疑是伟大的牛市，但从高层对资本市场的最新表态来看，A 股能突破 6 124 点创历史新高已属不易。

截至2020年年底，上证指数留下了三个向上突破的重要缺口：一是在2019年1月7日形成的底部反转突破缺口，2 515.32点到2 515.51点是对20年线2 565点的向上突破缺口；二是在2020年6月1日形成的岛形反转缺口，2 855点到2 871点，是对10年线2 878点的向上突破缺口，同时与在2020年5月22日形成的2 864点到2 863点构成向上的岛形反转；三是在2020年7月3日形成突破缺口，3 092点到3 104点，是对5年线3 085点的向上突破缺口。在2020年7月6日形成的中继缺口3 152点到3 187点（已回补至3 174点）；四是在2020年12月31日形成的突破缺口，3 414点到3 419点，是对3 458点到3 465点，6个月箱体向上突破。

长阳巨量缺口是三浪标配，且前三个重要缺口分别是20年线、10年线、5年线突破缺口，作为牛市启动标志，至少三浪结束前不会补，当然，无重大黑天鹅事件也可能永不回补。

2021年上半年机会最好，10年、20年、25年、30年周期共振向上，只有7年周期下半年才向上；而且20年周期提示6月大顶。

三、五大周期共振支持本轮超级牛市

以下是笔者的多周期共振系统对2021到2025年牛市的提示：

1. 7年周期提示（2021—2025年参照2014—2018年走势）

2021 年 1 月 20 日低点，4 月 10 日小顶，7 月 28 日可能创出新高，一直涨至 12 月下旬；2022 年 1—2 月振荡，3 月启动，继续涨至 2022 年 6 月大顶，6 月下旬单边大跌至 8 月，反弹至 12 月见顶 ；2023 年 1 月暴跌，下旬跌至大底；2023—2025 年开始持续 2 年震荡反弹至 2025 年 1 月，单边大跌一年。

以上是 7 年周期的提示，如果按 2020 年新登场的 30 年周期提示，2023 年 2 月大顶，持续 2 年下跌，7 年周期不存在持续 2 年反弹，那么 7 年周期是否失灵？请注意，7 年周期再推迟一年，与 30 年周期、10 年周期共振，2023 年下跌一年？2024 年下半年井喷。

2. 10 年周期提示（2021—2025 年参照 2011—2015 年走势）

2021 年 1 月下旬开涨，2021 年 4 月大顶，单边大跌至 2022 年 1 月。小幅反弹后继续单边大跌。2023 年 6 月大底，低位整理，2024 年 8 月启动单边大涨至 2025 年 1 月，整理后单边大涨至 2025 年 6 月大顶。之后，暴跌至 8 月，再反弹至 12 月，2026 年 1 月暴跌大底。

3. 15 年周期提示（2021—2025 年参照 2006—2010 年走势）

2021 年开年最低、年底最高，7 月中小幅调整，一直涨至 2022 年 10 月大顶，2023 年 1 月中旬开始全年单边大跌。2023 年 10 月大底。

4. 20 年周期提示（2021—2025 年参照 2001—2005 年走势）

2021 年 2 月 22 日开涨，一直涨至 6 月 14 日大顶，7 月下旬单边大跌，2022 年 1 月大底，低位整理，2025 年 6 月大底。

20 年周期、83 月周期共振大底。

5. 25 年周期提示（2021—2025 年参照 1996—2000 年走势）

2021 年 1 月 19 日重要低点，一直涨至 7 月 24 日、8 月 12 日双顶，跌至 9 月下旬。之后继续涨至 12 月中旬最高，大幅下跌。2022 年 2 月启动，一直涨至 2022 年 5 月中旬大顶，单边大跌，2023 年 8 月大底。2024 年 5 月大底，井喷，一直涨至 2026 年 6 月。

6. 30 年周期提示，截至 2020 年最长的新周期首次登场（2021—2025 年参照 1991—1995 年走势）

2020 年 12 月 19 日低点，2021 年 5 月 17 日次低点，7 月 1 日创新高，一直涨至 2022 年 5 月 26 日重要顶，大跌至 11 月 17 日重要低点。之后一直涨，2023 年 2 月大顶，全年单边大跌。2023 年 7 月重要底，区间反弹至 12 月，继续大跌至 2024 年 7 月见大底井喷。

综上所述，笔者的多周期共振系统对 2020—2025 年股市的预测如下（如果上面的单一周期预测看不太懂，你就直接看这部分结论）：

首先，笔者的多周期共振系统提示，本轮牛市将会突破以往“牛不过三年”的魔咒，成为一个超级牛市。

30 年周期新周期首次登场，30 年、25 年、15 年、7 年周期共振（除了 10 年周期，2021 年 4 月以后不支持大涨，20 年周期 6 月以后不支持大涨）全部支持 2021—2022 年夏大涨。2021 年井喷年，三浪 3 之 3 运行到 2021 年春见阶段顶 4 000

点附近，因为它至少不是最短一浪，涨幅应超过三浪 3 之 1，然后开始三浪 3 之 4 调整，预期可以调整到 3 500 点。三浪 3 之 5 运行到 2022 年夏，甚至可以到 2023 年 2 月（三浪 3 之 5 预期可以见到 5 000 点附近），2023 年暴跌，三浪 4 调整 2 年，预期可以调整到 4 000 点，2024 年 7 月启动三浪 5，运行到 2025 年夏，甚至可以到 2027 年，预期可以见到 6 000 点附近。

从 2019 年 1 月 2 440 点算起，即使涨至 2022 年夏，牛市也已超过三年；而且本轮牛市启动与历史上的 4 轮牛市（95 点到 1 558 点、325 点到 2 245 点、998 点到 6 124 点、1 849 点到 5 178 点）主升浪启动年恰巧同步，从而得到 4 轮牛市周期的支持，成为一个超级牛市。

7 年周期在历史上对上证指数的年度涨跌循环有准确的提示作用，鉴于 2013 年出现 7 年周期历史上第一次推迟，而且受到当时新出现的长周期（20 年周期）的影响，因此对 7 年周期与新出现的长周期关系要特别关注——非共振年的干扰推迟作用，以及共振年的强化作用。

2021 年：井喷年

7 年周期提示 2021 年为井喷年，同时满足 15 年、25 年周期井喷年，30 年井喷共振需求。

三浪 3 之 3，启动时间首选 2020 年 12 月，次选 2021 年 1 月。首选 2020 年 12 月，满足 30 年周期、15 年周期、100 周周期共振。次选 2021 年 1 月，满足 25 年周期、7 年周期共振。

三浪 3 之 3 运行至 2021 年春 4 000 点附近，启动三浪 3

之 4 调整至 2021 年夏 3 5000 点附近见大底，满足 30 年周期、83 月周期、江恩 8 年周期（1 510 点到 998 点到 1 849 点到 2021 年五六月）共振见底。

三浪 3 之 4 调整（4 000 点到 3 500 点）。首选以短线急跌反弹再急跌的之字形调整，替代三浪 3 之 2 调整（3 456 点到 3 209 点）的五六个月平台震荡，用一两个月快速完成三浪 3 之 4 调整，启动三浪 3 之 5，以满足最重要的 30 年周期，对应 2021 年 6 月一直涨至 2022 年 5 月，同时满足井喷年（7 年、15 年、25 年、30 年四大井喷年共振）。次选，如果遭遇重大利空，那么三浪 3 之 4 调整延长，平台整理。2021 年年底，三浪 3 之 5 启动。2021 年 12 月满足 25 年周期大底要求。次选方案更符合国情。

2022 年：大顶年

7 年周期提示，2022 年大顶年，同时满足 30 年周期，83 月周期共振大顶。

首选，三浪 3 之 5（3 500 点到 5 000 点），2022 年五六月见大顶（5 000 点）满足 30 年周期，83 月周期共振大顶。满足 30 年周期，从 2021 年 6 月一直涨到 2022 年 5 月大顶，之后暴跌至 11 月。2022 年 5—10 月，满足 83 月周期时间之窗共振。满足 7 年周期，从 2021 年 7 月一直涨到 2022 年 6 月。满足 25 年周期，从 2021 年 6 月一直涨至 2022 年 5 月。基本满足 15 年周期，从 2021 年 7 月一直涨至 2022 年 10 月。三浪 3 之 5，2022 年五六月见大顶（5 000 点）后，展开三浪 4 长达 2 年调整。

大顶次选 2023 年：暴跌年

7 年周期提示，2023 年暴跌年，得到多周期共振支持。

2023 年 2 月大顶满足 30 年、15 年、10 年周期大顶共振。

三浪 4 调整，可以利用 B 浪强反弹，2023 年 2 月见顶与 2022 年夏之大顶（5 000 点）构成 M 头双大顶。但是，需要警告多头的是，2023 年 2 月的二次见顶，切忌以创新高方式对 2022 年夏之大顶实行假突破。因为 2022 年夏之大顶处于 83 月周期时间之窗，按照历史规律，最好两年之内（2024 年五六月前）不突破，否则按照 83 月周期，股市非常可能以超预期暴跌修正。

三浪 3 之 4 调整。首选，从多周期共振角度分析，满足 30 年、10 年周期共振，2023 年夏到 2024 年夏双大底。次选，2023 年秋到 2024 年秋大底，满足 15 年周期。

2024 年：大底年

2024 年七八月大底，30 年周期、83 月周期、100 月周期（95 点至 1 047 点到 6 124 点到 2 638 点到 2024 年 8 月）三者共振见大底，启动三浪 5 上升浪。

2025 年：井喷年

2024 年七八月启动的三浪 5 上升浪，可以一直涨至 2025 年 6 月（10 年周期），甚至涨至 2027 年，30 年周期、20 年周期共振。

本轮超级牛市波浪分析如下：

（1）基本级一浪。第一浪 95 点到 1 558 点，第二浪 1 558 点到 325 点，第三浪 325 点到 2 245 点，第四浪 2 245 点到 998 点，第五浪 998 点到 6 124 点。

（2）基本级二浪。第一浪 6 124 点到 1 664 点，第二浪 1 664 点到 3 478 点，第三浪 3 478 点到 1 849 点。

（3）基本级三浪。第一浪 1 849 点到 5 178 点，2013 年到 2015 年，2 年。第二浪，5 178 点到 2 440 点，2015 年到 2019 年，4 年。第三浪，2 440 点到突破 6 124 点（第三浪不是最短浪，通常大于第一浪 1 849 点到 5 178 点，至少见 5 769 点），2019 年到 2027 年，8 年。

第三浪 1，2 440 点到 3 288 点，2019 年；基本级三浪 2，3 288 点到 2 646 点，2019 年到 2020 年；三浪 3，2 646 点到 5 000 点，2020 年到 2022 年。

三浪 3 之 1，2 646 点到 3 458 点；三浪 3 之 2，3 458 点到 3 209 点；三浪 3 之 3，3 209 点到 4 000 点；三浪 3 之 4，4 000 点到 3 500 点；三浪 3 之 5，3 500 点到 5 000 点。

三浪 4，5 000 点到 4 000 点震荡，2022 年到 2024 年。

30 年、15 年、10 年、7 年周期共振，单边大跌，2023 年夏到 2024 年夏双大底。

三浪 5，4 000 点到 6 000 点，2024 年到 2027 年。

2022 年年中起到 2024 年为 A 股 30 年周期巨震期，A 股处于三浪 3 后或者三浪 5 后调整期，指数在 5 000 点附近，可以回探三浪 1（3 500 点）。

此时，如果股市制度接轨（T+0、大小非减持进一步规范）仍然未完成，5 178 点股灾可能在一定程度上重现。因为2022 年很可能是 A 股历史上扩容压力最大的一年，中概股大回归，两市全面实施注册制，社保转持万亿元国有股开始减持，以及历史上新股发行之最的 2020 年的大股东限售股开始解禁。

2025 年 35 年周期新周期首次登场，35 年、30 年、20 年周期共振走三浪 5。

受 10 年、30 年周期影响，2024 年夏（4 000 点）启动三浪 5，2025 年 6 月见阶段顶，出现较大调整至 2026 年 1 月，之后 10 年、35 年、30 年、20 年周期共振，三浪 5 一直涨至2027 年（6 000 点）。

2027 年：井喷年

现在的问题是，下一个 7 年周期循环，井喷年—大顶年—暴跌年，会发生在哪一年。 受 35 年周期干扰，7 年周期向前偏移 1 年，井喷年由 2028 年提前至 2027 年。

2028 年大顶年—暴跌年

2028 年，35 年、20 年、10 年周期共振见大顶，而后下跌可以持续一年，到 2029 年，7 年、35 年周期共振下跌，下跌可以延期至 2029 年年底，对应第四浪 6 000 点至 5 000 点。

2029 年：大底年

首选，2029 年 7 月大底（35 年周期、83 月周期共振）；次选，2029 年 10 月大底（83 月周期）。

第五浪 5 000 点到 8 000 点（2030 年到 2033 年），3 年。2030 年康波周期，大拐点。

2030 年 40 年周期新周期首次登场，40 年、35 年、30 年、20 年周期共振，2030 年到 2033 年一直涨。100 月周期（95 点到 1 047 点到 6 124 点到 2 638 点，2024 年 5 至 10 月大底，2033 年 8 000 点大顶）。

第五浪启动时间首选 2030 年 12 月。次选，2030 年 12 月或 2031 年 1 月。2030 年 12 月，满足 40 年周期。25 年、10 年、83 月周期共振，大底共振。2031 年 1 月，满足 35 年、25 年、10 年周期共振。

第五浪结束时间，首选，2032 年 5 月 8 000 点（40 年周期、35 年周期、83 月周期、100 月周期共振）；次选，2032 年 10 月 8 000 点（25 年周期）；2033 年 2 月 8 000 点到 10 000 点，见大顶后，全年大跌（40 年周期、25 年周期、15 年周期、83 月周期共振）。

周期预测实践提示：周期总是对的。周期研究再一次警告我们，历史虽然不会简单地重复，但历史常有惊人的相似之处。换句话说，市场的走势绝不是随心所欲不可预测的。当然，周期预测也有其局限性，我们如果注意到以下几点，就可以更好地运用这个工具。

周期共振拐点是相对的。其一，共振大顶大底，不一定对应大顶大底。2019 年 5 月 2 833 点，8 月 2 733 点，分别对应 20 年周期、25 年周期大底，但还是被 2 685 点、2 646 点击穿了。只有 83 月周期对应的大底大顶才可能两年不破。其二，共振低点相对于未来是低点，相对于过去可以不是低点。作为 10 年周期、7 年周期、25 年周期共振低点，2020 年 7 月 2 日变盘点 3000 点是上半年高位，但也是下半年最低点，更重要的是形态转折点，从 2 500 点至 3 500 点 5 年平台下半部转到上半部。因此，周期共振拐点的预测也包括，大底年－井喷年—大顶年—暴跌年—振荡年五种形态转折拐点预测。2014 年 8 月启动井喷点，这虽是底部平台，却是振荡与井喷形态转折点。

周期共振拐点的级别会受量价干扰，2019 年 5—6 月、8—9 月受 20 年周期、25 年周期双重井喷形态支持，却未井喷。这既与 2—4 月提前井喷有关，也与 4 月最后一涨量价背离，其后一直成交低迷有关。

周期共振拐点的级别会受形态干扰。比如 2002—2004 年 10 年周期失效，因为上证指数经历此前暴跌后，处于 3 年平台震荡期，所以对冲 10 年周期对应的是 1992—1994 年的暴涨暴跌。但是，大形态不同并不影响小形态拐点对应。比如，1992 年 5 月 1 427 点与 2002 年 6 月 1 748 点高点对应；1992 年 11 月 386 点与 2002 年 12 月 1 348 点低点对应。同样，2012—2014 年近 3 年平台震荡，对冲 20 年周期，对应的是 1992—1994 年的暴涨暴跌，但 2014 年 8 月启动的井喷与 1994 年 8 月的井喷对应。

周期共振拐点，适合于大形态、大级别拐点预测。对无周期共振拐点的小拐点，比如，2020年下半年预测高点和低点的难度增加，需结合形态、量价、期指、先行指标等多指标分析（详见本章第五节、第六节）。此时要重视多周期中主导周期的影响，主导周期是指与预测年所有高点、低点对应性最好的周期，2018—2020年主导周期是7年周期。

第二节　量价魔方：揭开天量天价、地量地价的真正密码

天量天价、地量地价，无疑是股市流传最广、最朴素简单的真理。

我对量价关系的最大困惑是，天量天价、地量地价为什么常常失灵。经过笔者20多年实战检验，股市的陷阱太多了，很容易把人带到沟里。如果用老股民口口相传的这句老话去判断大盘走势，那就要害死人了。

一、天量天价、地量地价是如何被偷换概念且妖魔化的？

如果上面这些话你听了后似懂非懂、似信非信，那么听我讲个故事，你就明白了。

2007年井喷和2008年暴跌，天量天价、地量地价这句话可把我害惨了。6 124点之前，地量是地价，但天量不是天价。

5 月 30 日，半夜鸡叫见 4 335 点，日成交金额创 2 755 亿元历史天量以后，居然 5 个月涨了 50%，才见到天价 6 124 点，如果按天量天价逃命，那逃丢了半个大牛市。这下，我终于相信天量不是天价了。可是 6 124 点以后，又反过来了，天量就是天价，地量却再也不是地价，5 522 点 2008 年次天量见顶，跌到 3 000 点降印花税救市，连着两天创 2008 年天量，以为救市资金来了可以重返 5 000 点，结果没过两天就在 3 786 点见顶，天量反弹结束。当然，最坑人的还是地量地价，谁知道地量下边还有地量，跌了 11 个月才见到真正的地量，但还是不见地价，又跌了 1 个月，再跌 20% 才见到地价。说好的天量天价、地量地价全是胡说八道。

请注意，这就是当年我作为散户时完整的心理过程，但这都已经是过去时了。

如今，这个困扰了我 20 多年的量价关系问题终于彻底解决了，我找到了完美的答案。我真正地体会到了“众里寻他千百度，蓦然回首，那人却在灯火阑珊处”。“那人”是谁？把天量天价、地量地价这一股市真理妖魔化后，再为自己所用的人。重要的不是这个人是谁，关键是妖魔化后所掩盖的内幕。

天量天价、地量地价真正的规则是什么？概括为一句话就是偷换概念。其具体做法主要有三招：一是外延拓展；二是内涵扩大；三是功能异化、妖魔化。

什么叫外延拓展？它就是指把市场上公认的经常使用的日天量、日地量发展为月天量、月地量。

什么叫内涵扩大？它就是指把天量、地量概念偷换为天量水平、地量水平，这样就可以不拘泥于量的数据精度，而模糊化为量的水平，并大做文章。让散户看戏吧，猫戏老鼠也。

什么是功能异化、妖魔化？它就是指在天量与天价、地量与地价的逻辑关系上做文章，随心所欲地扭曲。比如，低位配个天量诱你逃天量顶，高位配个地量诱你抄地量底。最坑人的是，假作真来真亦假，先用天量无天价教育空头，每一次卖出都是错的；等到把空头多头统统教育成死了都不卖以后，他们就收网通杀，把场内空头多头全都套在大顶上；然后，再用地量无地价教育场外多头，每一次抄底都是错的，把空头多头统统教育成打死也不买以后，井喷开始，新一轮收割开始……

下面我用这三招来解释一下刚才提到的 2007—2008 年的悲剧故事究竟是怎么回事。

二、揭秘 2007 年天量无天价，2008 年地量无地价

为什么 2007 年大牛市可以在创日天量 2 755 亿元后再大涨 50%，创下天量无天价的奇迹？查一下月天量月地量，你就明白了。

2007 年 5 月创月天量 39 000 亿元，请注意，6–9 月月成交金额虽少于 5 月，但除 7 月平台整理第二个月萎缩至 21 900 亿元外，其余整体稳定在 30 000 亿至 36 000 亿元，与 5 月

39 000 亿元月天量属于同一月天量水平。这是因为从实战角度出发，月天量合理萎缩 10%—20%，属于大牛市创历史新高后的合理控盘拉升，不会引发月成交量反转（本章第六节、第七节实战分析中还会再讲）。由于天量不再是天量而变成常量，指数牛市继续向上井喷。

为什么 2007 年 10 月 6 124 点见历史大顶？为什么见顶后反弹到 5 522 点失败？除了 83 月周期提示 2007 年 10 月至 2008 年 1 月可见大顶，与 7 年周期 2007 年是大顶年双重警告外，关键是月天量顶部确立，且月成交金额高位反转，2007 年 10 月至 2008 年 1 月，4 个月中 3 个月的成交量为 20 000 亿元，刚超过 5 月天量的一半，甚至 11 月 17 000 亿元为 2007 年第三月地量，月成交金额整体上远超合理萎缩范围，属于月成交金额反转。所以，2008 年 1 月以 31 000 亿元反抽 5 522 点，这成了最后逃命机会。

为什么 2007 年 10 月 6 124 点见历史大顶后 11 个月才见日地量，而抄日地量后指数又跌 20%？熊市主跌浪地量无地价，如果 2008 年 9 月 8 日 2 114 点，历史地量 224 亿元抄底，与地价 1 664 点相比，套牢 20%。2008 年股市暴跌 80%，把我跌得晕头转向。幸运的是，我终于发现了其中的奥秘：只要市场不断创新地量，指数就会不断创新低。（2 月 14 日 4 500 点，584 亿元；4 月 16 日 3 300 点，548 亿元；6 月 6 日 3 300 点，433 亿元；8 月 .4 日 2 700 点，382 亿元；8 月 14 日 2 400 点，284 亿元；9 月 9 日 2 100 点，224 亿元。）历史地量往往只有历史天量的 1/10，224 亿元接近 2 755 亿元的 1/12。

请注意，趋势市是月天量顶部确立导致大盘顶部确立。同样，趋势市只有月地量可以确定大盘底部。2008 年月地量为 10 月 7 500 亿元，鉴于 10 月长假少一个交易周，至少补差 1 000 亿元。这样倒推 2008 年月地量实际为 8 月 8 000 亿元（9 月 8 300 亿元），10 月可按次地量买入抄大底 1 664 点。

为了实现利润最大化、风险最小化，我提出次天量天价与次地量地价交易策略：次天量天价与次地量地价是最佳买卖点。

市场不再创新日天量，就是我们开始考虑退出市场的时候。但是，理想的退出时机是出现次天量（接近日天量的成交量），同时指数创出新高。比如，2007 年 10 月 12 日，当天的最高指数 5 959 点，成交金额 2 215 亿元，当年日天量 5 月 30 日 2 755 亿元。同理 2019 年 4 月 8 日，当天的最高指数 3 288 点，日成交金额 5 064 亿元，当年日天量 3 月 7 日 5 257 亿元。

与此对应的是，市场不再创新日地量，就是我们开始考虑进入市场的时候。但是，理想的进入时机是出现次地量（接近日地量的成交量）。比如，2008 年 11 月 3 日 237 亿元，1 700 点，买入抄底。

三、高位地量与低位天量的特别警告

上面讲的主力偷梁换柱第三招中，天量与天价、地量与地价的功能被妖魔化，逻辑关系被随心所欲地扭曲。比如，低位配天量诱你逃天量顶，高位配地量诱你抄地量底。

需要说明的是，单一出现的极端地量毫无意义，节日长假前的极端地量更无意义，只有趋势持续地量才有意义。但是高位地量，尤其是历史天量后出现的高位地量需要高度警惕。5 178 点大顶确认，固然有周期的预警，但更重要的是，6 月 8 日创历史天量 13 099 亿元后量能持续萎缩甚至大幅萎缩，6 月 16 日跌破 10 000 亿元水平后，无力重返其上，而且 6 月 18 日仅成交 6 855 亿元，只有历史天量的 50%。可见，高位地量可能是头部反转信号。

一般情况下，高位天量是调整的信号。在特殊情况下，高位地量同样是调整的信号。高位地量典型的是，2020 年 7 月—9 月，3 100 点到 3 450 点震荡整理，8 月底在 3 400 点附近。连续出现 6 月 30 日以来地量 3 500 亿元，属于高位地量，即可确认 3 400 点以上的阶段顶。随后跌至 3 202 点。与此形成对照的是，2015 年 1—2 月，3 050 点到 3 400 点震荡整理，3 100 点到 3 200 点附近连续出现 2 000 多亿元地量。低位地量，才意味着地量地价。如果高位地量时按地量地价入场，那不是抄底而是抄顶。

一般情况下，低位地量才意味着地量地价。在特殊情况下，低位天量同样意味着天量地价。低位天量典型的例子是 2020 年 2 月 4 日，2 685 点，当日成交 3 741 亿元，为上半年天量。2020 年 1 月上半年高点 3 107 点对应的成交额是 3 312

亿元。如果低位天量按天量天价逃顶，那不是逃顶而是逃底。

2020 年 2、3 月，分别形成 3 054 点、3 067 点，我为什么当时认定这不是顶？因为我发现 2、3 月上海股市成交金额都是天量 75 000 亿元，月线双天量很罕见，已经接近 2019 年三四月（3 288 点）的成交金额，成交量低位反转，所以我预测 3 000 点不是顶，2 646 点是重要的底，牛市主升浪将启动。

在量价关系中，谁决定谁？这个问题看上去有点儿像先有鸡还是先有蛋。新浪股票博客知名博主大多数不关注成交量，认为价格上来了，成交量自然会上来。殊不知，价格是可以骗人的。所谓反技术操作，正是通过制造技术分析的价格陷阱，专门绞杀技术派。比如，重要技术阻力、技术支撑的假突破，然后，走出与突破方向相反的走势。最典型的是喇叭走势，先向上突破，再向下突破，如此循环几次，多空通杀，最后走出真正的突破方向。在此，特别提示的是，辨别假突破和真突破最简单的一种方法，是看突破的时候有没有量：没有足够成交量向上突破就是假突破，成交量持续缩量的向下突破就是真突破。

2019 年春，井喷行情第二波向上突破为什么失败？市场归因于 4 月中旬查香港配资，但决定因素首先是多周期提示 4 月出高点，其次是量价背离，向上突破为假突破。由于沪市 4 月 8 日 3 288 点时日成交量为 5 064 亿元，没有突破 3 月 7 日 3 129 点对应的 5 257 亿元天量，尤其是其所在周成交量 19 320 亿元没有突破 3 129 点所在周天量 24 000 亿元，属于对 3 月 7 日 3 129 高点的假突破，井喷行情结束。反过来，向下突破如果是持续性缩量，就是真突破。2019 年 4 月下旬是持续性大幅缩量，就是向下真突破。此前 3 月底的向下突破 3 000 点是假突破。

四、天量天价、地量地价的适用条件与局限性

量价同步还是量先价后，取决于市场是震荡市还是趋势市。

1. 趋势市：天量非天价，地量非地价

如果是持续创新高或持续创新低的趋势市，那么天量无天价、地量无地价，因为趋势是有惯性的。量先价后，如果是做区间整理的无趋势震荡市，那么天量天价，地量地价，量价同步。2007—2008 年、2014—2015 年的牛市熊市交替属于前者。2019—2020 年的情况属于后者。

2. 震荡市：天量天价，地量地价

在震荡市中，反弹行情是天量天价，下跌行情是地量地价，它们往往同时发生。天量天价，地量地价，不能仅看日天量，还要看周天量月天量。重要的底部顶部，我们需要对日成交金额、周成交金额、月成交金额相互验证才能确认。月成交金额在确认重要底部或大底上比日成交金额更准确。

一轮牛市天量见大顶后，日天量的 1/10 是判断见大底的日地量参考值。6 124 点大顶后的极端日地量 224 亿元接近

2007 年历史天量 2 755 亿元的 1/12。5 178 点大顶后的极端日地量 857 亿元接近 2015 年历史天量 13 099 亿元的 1/15。

5 178 点第一波下跌最终萎缩地量是 2015 年 9 月 30 日 1 566 亿元，表面上确认 2 850 点到 3 000 点底部，接近 13 099 亿元的 1/10，但是国庆节长假前的数据不可信。不算极端地量就不算大底，这为三个月反弹见顶后再次暴跌埋下伏笔。

2016 年 2 月 15 日成交 1 293 亿元，为历史天量 1/10，确认 2 638 点底部，但三个月后出现 1 100 亿至 1 200 亿极端日地量及极端周地量。为什么股指未破 2 638 点创新低？首先，从周期来讲，20 年周期、10 年周期共振提示 2016 年年初为重要底，周期提供见底必要条件。其次，1 293 亿元满足日历史天量（13 099 亿元）1/10 这一大底的日地量要求，成交量调整大致到位。最后，2016 年 2 月 30 000 亿元月地量水平，此后持续 2 年始终未破。反之，当 2018 年八九月成交量连破 30 000 亿元月地量水平，月成交额创新低，预警指数创新低，10 月终破 2 638 点，见 2 449 点。

2018 年 12 月 24 日极端地量为 857 亿元，接近 13 099 亿元的 1/15。重要的是月成交额 22 360 亿元为次地量，这不仅确认 2018 年 9 月 21 529 亿元为 2015 年以来月地量，而且再次跌破 5 178 点行情启动前 2014 年 7 月 23 896 亿元水平，此地量对应此地价，确认 2019 年 1 月 2 440 点为大底。2 440 点大底满足 83 月周期时间之窗，但 2 638 点不满足 83 月周期时间之窗，只是重要底。至于 2019 年 5 月，我之所以敢预测

2 440 点是世纪大底，原因之一是上海股市根本不可能再跌破与 2 440 点匹配的 1 000 亿元日地量，尤其是与 2 440 点匹配的月地量。无此地量则无此地价。

五、历史井喷行情失败的魔咒

2009 年 7 月 29 日成交量为 3 028 亿元，为历史天量，结果几天后 3 478 点大顶出现。单一出现的日天量无意义，只有趋势市的天量，持续放大的成交量，才具有成交量反转的意义，所以要重视持续稳定（乃至持续放大）的日天量、周天量、月天量。

天量天价，是为了阻止上升趋势继续。但是，如果天量成了常量，则成交量反转，高位平台会转化为上涨中继形态向上变盘，上升趋势继续，成交量反转至少需要两个月成交量判断确认，通常井喷行情失败就是因为只有一个月的天量，而次月成交量大幅萎缩，从而导致井喷夭折。比如，2020 年 2 月、3 月都出现了阶段月天量 75 000 亿元这个罕见的现象，这提示成交量反转，因而指数必然反转。这是我提前两月预告 7 月主升浪的重要依据（见附录）。

地量地价，是为了阻止下跌趋势继续，但是如果地量成了常量，意味着成交量已反转，作为先行指标的成交量反转，意味着指数将要反转。地量变成常量，如果指数处于低位，向上反转，如果指数处于高位或中继形态，向下反转，下跌成为必然。比如，6 124 点、5 178 点、3 478 点、3 288 点顶部形成，在高点出现后，月成交量环比降低 20%—30%，持续迅速萎缩，此后没有新天量，见顶月天量就是月天量，高位向下反转。这就是历史井喷行情失败的魔咒。

下面分析 3 458 点阶段顶成交量。我为什么在 2020 年 8 月初认定 3 458 点不是顶，后来又认为它是阶段顶?

首先，8 月成交金额大幅萎缩，很可能遭遇历史井喷行情失败的魔咒。

上海股市 7 月成交金额 13.2 万亿元，是历史第五大月天量，几乎相当于 2019 年三四月成交之和。这应当是对 2019 年最高点 3 288 点的有效突破。成交量的牛市，很可能会带来指数的牛市，因此，即使复制 2019 年井喷行情，缩量也可以创新高。再说领先指标证券板块，2020 年 7 月证券板块（880472）成交金额为 2.45 万亿元，几乎相当于 2014 年 12 月的 2.49 万亿元，是历史第二大月天量。2014 年 12 月以后证券板块是怎么走的? 历史常有惊人的相似之处，但不会简单地重复。证券板块牛市第三主升浪的涨幅会更大更长，因为有业绩与政策两个支撑。考虑到证券板块对指数的影响，3 458 点不应该是 2020 年最高点。

但是事实并非如此。8 月成交金额大幅萎缩，导致 5 小浪成为失败浪。

上海股市 2020 年 7 月成交金额 132 409 亿元，8 月成交金额截至 17 日为 58 000 亿元，最后 10 个交易日最多补上

50 000 亿元。月成交金额 100 000 亿元（实际上 96 212 亿元），月成交金额环比降低 25%，最大日成交金额环比降低 50% 以上，成为判断 3 458 点阶段顶依据。2019 年 4 月可以创 3 288 点新高。因为 4 月成交金额环比仅下降 10%，最大日成交金额基本持平。8 月 17 日晚，我在微博紧急提示大家卖出，19 日上午最后提示除长线仓全部出清，防范沪深 300 股指期货主力合约移仓日（每月第三周周三）。

其次，用沪深两市成交量之和来分析 3 458 点阶段顶依据。

利用沪深两市成交量之和的变化看增量资金变化。2015 年 5 月 28 日，深市历史天量为 11 150 亿元，沪市成交为 12 479 亿元，两市历史天量 23 629 亿元。

2015 年 6 月 8 日，沪市历史天量为 13 099 亿元，深市为 9 586 亿元，两市历史次天量为 22 685 亿元。这说明 5 月 28 日以后，不但没有增量资金，截至 6 月 8 日还流出近千亿元。截至 6 月 12 日 5 178 点历史大顶，两市流出 4 000 多亿元（6 月 12 日沪深两市成交为 19 650 亿元，比 2015 年两市历史天量少 17%）。

2020 年 7 月 7 日，沪市日天量 7 936 亿元，深市 9 462 亿元，两市 2020 年历史天量为 17 398 亿元。7 月 14 日两市成交量之和为 17 045 亿元（深市日天量为 9 972 亿元，沪市成交量为 7 073 亿元）。这说明 7 月 7 日以后不但没有增量资金，截至 7 月 14 日流出 300 亿元，截至 8 月 17 日流出近 6 000 亿元

（两市成交量之和 5 374+6 165=11 539 亿元），比 2020 年两市天量少 1/3，流出情况比在 5 178 点时严重。8 月 17 日晚，我发布红色警报（见附录）。

六、成交量牛市仅是指数牛市的必要条件

上证指数实战预测系统中，量价预测与周期预测是不可分割的。

用形式逻辑的语言来描述，周期是大顶大底的必要条件，量价趋势也是大顶大底的必要条件。没有成交量牛市就没有指数牛市；但有了成交量牛市也不一定有指数牛市。成交量牛市仅是指数牛市的必要条件。

我写这本书有个惊人的发现，即成交量牛市与指数熊市的背离。上证指数的成交量与指数出现了严重背离。沪市成交量基本上是大涨小回走大牛市，对应的上证指数好像是在走熊市，这就像举重比赛，一年换一个比前一个更壮的重量级大力士。可是，杠铃也越来越重，举起它来变得越来越困难，很可能有一天谁也举不起来。沪市的数据摆在那儿，2007 年，成交天量 2 755 亿元，指数涨到 6 124 点；可是到 2009 年，新天量 3 028 亿元出现，指数只到 3 478 点；6 年后，2015 年，达到 13 099 亿元天量，是 2007 年成交天量的近 5 倍，然而指数只有 5 178 点，当时想若再见 6 124 点，那成交量估计得 20 000 亿元！问题是，情况在不断恶化。2019 年，5 257 亿元

天量，指数是3 288点，2020年，7 936亿元天量，指数才到3 458点。呜呼！考虑到万亿中概股回归，注册制IPO还在快马加鞭，再加上几万亿元限售减持，20 000亿天量能把指数举到5 000点就不错了。现在看来，想再见6 124点，成交量达到3万亿元都不一定行。3万亿元成交量可是2007年成交天量的11倍多。钱从何处来？ 而且指数被举到5 000点后，是不是会累趴下呢？

我先强调一下，市场会不断扩大，尤其将来实行了T+0后，本书列举的天量、地量标准也会大幅提高。成交量不是万能的，但是没有成交量是万万不能的。

上面讨论的问题都以沪市的单一成交对沪市的影响为中心。沪市成交与其他主要指数成交的关系，非本书讨论的重点，仅做如下补充。

首先，据申银万国证券研究，上证指数与沪深300指数关联度在95%以上，因此笔者的上证指数实战预测系统可以用于指导沪深300指数期货交易参考。

其次，上证指数实战预测系统引进了沪深两市成交金额之和。这项指标可以反映整个A股市场的资金流动情况。本节前面对3 458点阶段顶的实战分析引用了此项指标。

最后，谈一下2020年9月创业板日成交金额一度历史性地超过沪市说明了什么。要回答这个问题，先要从深市成交金额历史性地超过沪市说起。需要说明的是，5 178点牛市以连续暴跌的方式结束，终结了指数牛市，重创了以上证指数为代表的权重股炒作。随之而来的市场巨变就是终结了持续 25 年的沪强深弱时代。2016 年 1 月起，深市成交金额历史性地超过了同月沪市的成交金额，进入深强沪弱时代。其实，这一变化此前可以从两市成交比的变化发现端倪，6 124 点牛市时，深市月成交金额只接近沪市的一半，到 5 178 点牛市时，已经上升达到沪市的八成。

从实战角度而言，只要深强沪弱不变，上证指数就没有指数牛市，只有井喷反弹。2 638 点到 3 587 点、2 440 点到 3 288 点、2 646 点到 3 458 点，都是例证。至于 2020 年 9 月沪市日成交金额居然萎缩到只有深市的一半，深市创业板日成交金额历史性地超过沪市，指数牛市就更没戏了。这意味着大资金暂时放弃了指数，开始炒个股，指数进入休整期。在这个阶段，被边缘化的沪市只能像螃蟹一样横着走，等待均线逐步黏合后，大资金伺机发动行情。但是，要发动指数牛市，启动牛市三浪 3，沪市成交金额最好超过深市，至少要达到深市成交金额八成。

2021 年，深强沪弱能否转为沪强深弱呢？我们拭目以待。

第三节　上帝之手：美元指数操纵 A 股

先讲一个离奇的结论，A 股定价权不在自己手里，在海外资金手里。A 股与人民币汇率无关，与美元汇率、日元汇率有关。

一、A 股暴跌导火索：全球美元、日元套利盘的统一行动

998 点到 6 124 点牛市突破了 2 245 点历史大顶，涨到 3 000 点以后，经历了一次莫名其妙的大跌。

2007 年 2 月 27 日，上证指数创历史新高 3 049 点后突然变脸，大跌 8.8%。在一直走独立行情的 A 股大跌以后，全球股市乃至全球金融市场齐跌。A 股作为第一块倒下的多米诺骨牌，推倒了一大片。这一切究竟是为什么？

当时，我作为和讯网的主持人专门请了一些专家来谈股市大跌。专家们有些归因于中国官方媒体在讲 A 股泡沫，有些归因于美国次贷危机的影响，有些归因于日元汇率波动和港股拖累。最终，大投机家索罗斯一语道破天机，这是全球日元套利盘的统一行动。

所谓日元套利盘，就是基于日本长期实行零利率，即贷款无利率，借入日元买入其他金融资产套利的国际投机资本。日元套利盘虽无利率成本，但有汇率成本，当时，日本突然放风打算结束零利率，导致日元套利盘大恐慌。人们卖出一切，买入日元，从而导致与此对应的日元突然大幅升值，以 A 股为首的全球金融资产大跌。据说，10 万亿美元量级的日元套利盘主力是日本家庭妇女。

你要注意的是，此后日元汇率与 A 股呈现极端情况下负

相关，而且总数达数十万亿美元量级的美元、日元套利盘，在危机状态下采取联合行动，这将形成巨大冲击力。联合行动的传导机制是，当出现重大国际危机事件，金融市场风险偏好下降、避险情绪上升时，厌恶风险的美元、日元套利盘为避险就会采取全球统一行动，卖出一切，买入美元、日元。由此产生的问题是，美元与其他货币的汇率关系应是负相关。但是凭什么美元汇率与日元汇率正相关，美元升值，日元也升值？无法得知美国用了什么方法让日元汇率长期维持高位，达到压制日本出口的意图，毕竟日本是出口导向型国家，日本企业出口的盈亏平衡点是 1 美元兑 115 日元。

在危机状态下，美元、日元两大货币的避险属性，会引起全球美元套利盘和日元套利盘的联合行动，由此导致美元、日元汇率急升，对全球股市产生重大冲击。比如，2007 年 10 月出现日元 5 年低点（1 美元兑 124 日元），全球股市见大顶，上证指数见 6 124 点历史大顶。

2008 年 10 月出现日元 13 年高点（1 美元兑 90 日元），与之对应，全球股市暴跌见大底（除美国股市 2009 年 3 月见大底外），导致石油等大宗商品价格见大底，上证指数见 1 664 点历史大底。同样的悲剧，2020 年 3 月又上演了一遍。适逢新冠肺炎疫情，2020 年 3 月美元指数两周内从 95 点急升至 103 点，日元汇率 3 周内从 101 点急升至 111 点，全球股市再度暴跌。上证指数从 3 074 点跌到 2 646 点，美国石油居然跌到了负 37 美元一桶。

值得注意的是，美元、日元作为套利货币对全球金融市场的巨大影响。关于这一点我在 2009 年出版的书《毁灭与颠覆：重重迷雾笼罩的金融危机》中做过专门分析。可惜的是，这些年来包括中国在内的全世界的韭菜，还是被国际投机资本收割了一轮又一轮。

二、公开的秘密：美国金融战的传导机制

更大的危机是，美国会利用危机趁火打劫，对中国金融系统进行打击。

金融战的传导机制是利用美国货币政策宽松周期与紧缩周期的轮回，引导弱势美元周期与强势美元周期的轮回，来实现制造资产泡沫与刺破资产泡沫的轮回。

美元指数下跌，引导“热钱”进入包括中国在内的新兴市场，放大资产泡沫。美元指数上涨，引导“热钱”流出包括中国在内的新兴市场，刺破资产泡沫。2009 年 3 月，美联储推出 QE1，美元指数从 88 点跌到 74 点，对应上证指数从 2 037 点到 3 478 点。2010 年 5 月，美联储推出 QE2，美元指数从 88 点跌到 72 点，对应上证指数从 2 319 点到 3 186 点。2012 年 9 月，美联储推出 QE3，美元指数从 84 点跌到 79.5 点，对应上证指数从 1 999 点到 2 138 点。2012 年 12 月，美联储推出 QE4，美元指数从 81.45 点跌到 79 点，对应上证指数从 1 949 点到 2 444 点。美联储 2020 年 3 月 15 日宣布将目标利

率下调至接近零，并启动大规模 7 000 亿美元量化宽松计划，以在新冠肺炎疫情大流行期间支持经济，此举被称为 QE5。美元指数从 2020 年 3 月 103 点跌到 2021 年 1 月 6 日 89.21 点，对应上证指数从 2 646 点涨到 3 588 点。

最大的不确定在于，美元指数长期调整。美元指数可能在 2022—2023 年跌到 85 点附近，见到重要底部，考虑到美元指数与上证指数的长期负相关，届时会对应上证指数 5 000 点附近的重要顶部。2023 年美联储加息窗口开启，美元指数开始强反弹乃至新一轮强势美元周期开始，届时美元套利盘与万亿元规模的 QFII 获利盘平仓 A 股，加上其他利空，很可能引发 A 股较大调整，对中国金融系统造成冲击。我们应有所准备，防患于未然。

三、美元指数与 A 股长期呈现负相关

中国的股市投资者普遍患有恐美症。一是怕什么都敢说的特朗普发狠话，又搞什么制裁的新花样；二是怕隔夜美股暴跌拖累 A 股跳空下跌。还有人总结了一条并不存在的所谓规律，美股涨 A 股不涨，美股小跌 A 股大跌。尤其是 2020 年 3 月美股 4 次熔断崩盘的时候，很多人半夜三更不睡觉地看美股走势。

其实，美股影响主要体现在 A 股开盘和当日波动。美股即使在 2020 年 3 月罕见地下跌近 40% 时，也只是引发 A 股

400 点的阶段调整。从中长期走势看，美股、A 股并没有关系。二者唯一的联动是 2007 年 10 月同时见大顶，直到 2008 年 10 月同时破位下跌。而 A 股当月见大底 1 664 点，美股直到 2009 年 3 月才见大底，重启牛市。

真正影响 A 股走势的是美元指数。2005 年以来，美元指数与 A 股呈现长期负相关。早在 2013 年我策划主编的《抄底中国》就发布了这项研究成果：美元不见顶，A 股不见底；美元不见底，A 股不见顶。

你可以无视美国，但不可以无视美元。美元作为世界第一储备货币和第一国际结算货币，拥有最大的流通性和安全性，也形成了美元的货币霸权。20 世纪 70 年代，基辛格曾说过，你如果控制了美元，就控制了整个世界。

现在的问题是，从历史上看，美元指数长期调整周期一般是 8 年左右，2020 年 3 月 16 日，美元指数的 103 点（A 股 2020 年 3 月 19 日对应见底 2 646 点），与 2016 年 12 月美元指数 103.8 点形成双顶，之后陷入长期调整。这个调整期究竟是以 103.8 点为起点，还是以 103 点为起点？如果是前者，A 股会在 2024 年附近见顶反转；如果是后者，A 股会在 2028 年附近见顶反转。鉴于美元指数长期调整在 80 点到 85 点的超长期底部平台结束的可能性大，此平台距离 2021 年 1 月初低点 89.21 点空间有限，我倾向于美元指数在 2024 年，甚至此前结束长期调整（与预期美联储 2023 年停止零利率对应）。这样，A 股牛市很可能从 2023 年起面临强势美元来袭、资产泡沫破裂的严峻考验。

因此，在上证指数实战预测系统研究对象中，美元指数是唯一的海外市场指数，对 A 股的长期趋势具有重要意义；而且随着 A 股对外开放，北上资金掌握 A 股定价权，美元指数可能成为剪中国羊毛的重要手段。

从 2005 年人民币汇改后，美元指数与 A 股呈现长期负相关。

2007 年 A 股 6 124 点以来，美元指数 6 底部对应上证指数 6 顶部。

美元指数 75 点（2007 年 10 月）、70 点（2008 年 2 月大底）、74 点（2009 年 10 月）、94 点（2015 年 6 月）、88.26 点（2018 年 2 月）、91.75 点（2020 年 8 月），分别对应上证指数 6 124 点（2007 年 10 月）、5 522 点（2008 年 1 月）、3 478 点（2009 年 8 月）、5 178 点（2015 年 6 月）、3 587 点（2018 年 1 月）、3 458 点（2020 年 7 月）。

2005 年美元指数 998 点以来的 7 个顶部均对应上证指数 7 个底部。

美元指数 90.58 点（2005 年 6 月）、88 点（2008 年 10 月）、88 点（2010 年 6 月）、84.54 点（2013 年 7 月）、100 点（2015 年 12 月）、103.8 点（2016 年 12 月）、103 点（2020 年 3 月），分别对应上证指数 998 点（2005 年 6 月）、1 664 点（2008 年 10 月）、2 319 点（2010 年 7 月）、1 849 点（2013 年 6 月）、2 638 点（2016 年 1 月）、3 044 点（2017 年 1 月）、2 646 点

（2020 年 3 月）。

时间误差一般为一个月，空间误差体现为大底或次底、大顶或次顶。

从中总结规律如下：

规律 1：2007 年 A 股 6 124 点以来，美元指数底部对应 A 股前 5 个顶部均为大顶（两年内不能突破），其中三个大顶截止 2021 年年初仍未突破。

规律 2：2005 年 A 股 998 点以来，美元指数顶部对应 7 个底部，只有 998 点、1 664 点、1 849 点为大底，至今未被有效击穿。2 646 点（2020 年 3 月）属于 83 月周期确定的大底，需等待市场检验。其余 2 319 点、2 638 点、3 044 点三个底部为阶段底，不在 83 月周期时间之窗，都曾被有效击穿过。

对于 A 股来说，关于美元长期走势的多空辩论，比美股会不会暴跌的辩论更为重要。2020 年 3—8 月，美元指数从 103 点跌至 91.75 点，创两年来新低，又一次开启弱势美元周期。与之对应的是，人民币兑美元汇率从 2020 年 5 月 7.177 5 大幅升值到 11 月 6.563 8，创 2018 年 6 月以来新高。这或许意味着中美金融大博弈开始了。现在割 A 股羊毛的大戏还在演上半场，历史会告诉我们下半场怎么演。

2008 年 7 月，时任美国财政部长保尔森公开表示要干预美元的走势。8 月，美元出现戏剧性反转，3 个月暴涨近 30%，恢复了 2 年的跌幅（与美元暴涨对应的是 2008 年 8—10 月 A 股暴跌 2 830—1 664 点），从此终结了持续 7 年的弱势美元周期，开启了强势美元周期（与之对应的是，A 股长期熊市至 2013 年 1 849 点告一段落）。

根据美国商品期货交易委员会（CFTC）截至 2020 年 9 月 22 日的数据，与 ICE 美元指数相关的期货投机性持仓出现自 2017 年 11 月以来最大空头状态，美元指数何去何从？

四、人民币兑美元汇率与 A 股无关

2020 年 10 月 9 日在岸人民币兑美元汇率跳空大涨千点创 17 个月新高 6.705 2，上证指数从 9 月最低点 3 202 点，反弹至 3 371 点，又跌回 11 月 2 日 3 209 点，11 月 9 日在岸人民币兑美元汇率升至 6.563 8，同日上证指数反弹至 3 380 点。人民币兑美元汇率 7 月破 7 后的大幅升值与 A 股基本无关，上证指数 7 月 13 日见 2008 年 2 月以来高点 3 458 点后一直到 2020 年年底都在做平台整理。

专家说的人民币汇率上涨导致人民币资产升值，我怎么没看到呢？为什么我们讨论的不是人民币兑美元汇率对 A 股指数的影响？因为人民币兑美元汇率大涨与 A 股一点关系也没有。

应当承认，2005 年 A 股牛市的一大动力是人民币兑美元汇率开始长期升值，人民币兑美元汇率升值导致人民币资产升值。这与其他新兴股市一样，本币升值导致股市牛市。直到现在，人民币兑美元汇率与 A 股正相关仍是主流观点。

但是，2008 年令我最困惑的现象是，一方面人民币兑美元汇率继续大幅升值，另一方面 A 股出现了历史罕见的暴跌，说好的人民币资产升值牛市结束了。二者正相关变成了负相关。不仅如此，从此人民币兑美元汇率与 A 股分道扬镳。人民币美元汇率从 2005 年 8.086 7 一直升到 2014 年的 6.040 8（其中 2008 年 3 月至 2010 年 3 月受金融危机影响，人民币一度重新盯住美元停止升值），而 A 股从 2007 年 6 124 点步入长期熊市，直到 2013 年的 1 849 点。

巧的是，笔者在《抄底中国》一书中指出，美国和日本都先后出现过汇率与股市先同向后反向的走势。1990—2000 年，道琼斯指数与美元指数基本同向上涨，美元指数由 72 点升至 121 点，道琼斯指数从 2 400 点升至 11 500 点。之后 2000—2001 年为分界线，二者形成背离，美元指数从 121 点一路下跌，在 2008 年 3 月见历史低点 70.68 点，并陷入底部震荡，道琼斯指数继续大牛市，2007 年 10 月升至 14 279 点，虽然经历了次贷危机引发的暴跌，但 2009 年 3 月再次启动大牛市，一直涨到 2020 年 1 月 29 568 点，虽然因新冠肺炎疫情暴发一度跌到 18 213 点，但迅速收复失地，并冲上了 30 000 点大关。美元指数则在 2014 年突破 85 点阻力，反弹至 2016 年 103.78 点后回调，2020 年再冲 103 点失败后，重归熊市，年底再破 90 点大关。

再看日元汇率与日经 225 指数先同向后反向的关系。以 1990 年为分界线，从 1982 年 7 月至 1990 年年初，美元兑日元汇率从 1∶277 到 1∶130，日经 225 指数从 7 000 点涨到 38 915 点。之后二者也出现背离。美元兑日元汇率从 1∶130 继续升值到 2012 年 10 月的 1∶75，1989 年 12 月 29 日，日经 225 指数达到其历史最高点 38 915 点，之后下跌到 2008 年 10 月 28 日的 6 994 点，刷新了自 1984 年以来的最低点。值得注意的是，美元兑日元汇率从 1∶75 大幅贬值至 2016 年的 1∶125.85 左右后，基本上在 1∶104—1∶115 之间震荡；日经指数强势回升至 2020 年 11 月的 24 962 点，创 19 年新高。

五、谁来保卫 A 股的定价权？

2005 年以来，美元指数的十几个顶部与底部恰好与上证指数的十几个底部与顶部反向对称。（这是偶然的巧合，还是刻意为之？）美国共和党掌权是弱势美元周期，民主党掌权是强势美元周期，因此，A 股市场很多人把拜登当选美国总统当作利好，恐怕这真是个巨大的误会。

在美国总统小布什任期内（2001—2008 年），美元指数从 121 点到 75 点，大跌 40%；在美国总统奥巴马任期内（2008—2016 年），美元指数从 75 点到 103 点，大涨 40%。在美国总统特朗普任期内（2017—2020 年），美元指数从 103 点到 89 点，下跌 13%，预计在美国总统拜登任期内（2021—2024 年），美元指数很可能强势反弹甚至重启强势美元周期，与其他重大利空共振，这很可能对 A 股牛市造成极强的杀伤力。

理由很简单，A 股定价权不在自己手里，在所谓北上资金手里。

据某券商研究，北上资金三周均线与 A 股三周均线的走势高度相关。实际上，北上资金的进出决定了 A 股的涨跌。一天成交 1 000 亿人民币左右的北上资金，如果出现 50 亿以上的净流入或净流出的话，就基本上可以决定当天是涨还是跌。

国内机构整天忙于个股套利赚钱，顾不上管市场的涨跌方向，也搞不明白市场涨跌的缘由。据上海证券交易所的统计，机构选时操作整体上亏损，只能靠选股来赚钱。当市场处于相对低位比较平稳的时候，国内机构把 A 股定价权拱手相让，这问题不大。很明显，2020 年 7 月的井喷行情是北上资金发动的，从券商龙头股的表现可以看出来。而且买方卖方都是北上资金，明显 T+0 操盘，而且更有意思的是，外资在做券商的龙头股的运作的时候，机构席位几乎没有作为买方参与，而往往是作为卖方来参与。券商股是龙头，是牛市的旗手，如果券商股的筹码最后大都落到北上资金手里，如果上证指数 5 000 点时仍由北上资金来决定涨跌，这就可能导致严重后果。A 股定价权对中国的金融安全至关重要。

更严重的是，站在北上资金背后的是国际投机资本。我曾看到媒体报道采访 QFII 人士说他们每投入一分钱的话，有几倍甚至 10 倍以上的国际热钱在背后支持。也就是说，我们现在的 1 万多亿元的 QFII 持股背后，至少有同等规模的国际热钱存在。

2001 年，日本银行开始实施量化宽松货币政策。与此同时，2001 年美元开始了 7 年 40% 的贬值，可以以 1∶30 的高杠杆从日本银行获得零利率的日元贷款，获得负成本美元贷款（美元持续贬值），形成规模几十万亿美元的美元日元套利盘。美元日元套利盘的套利目标是，买入无风险利差的高息货币进行利差套利，或买入强势货币进行低风险的汇差套利，抑或进行相关货币资产的高风险套利。人民币及人民币资产 A 股恰好可以做到一举三得，完全满足套利盘的要求。

国际投机热钱买入抄底 A 股的套利是套三个：一是利差。目前美国、欧盟、日本基本上都是零利率，中国是正利率，利差是肯定有的。二是汇差。人民币是一个强势货币。如果 2020 年上半年 7 元买入人民币以后坐等升值，按 2020 年 11 月的 6.5 元人民币兑 1 美元计算，那么每兑 1 美元就可以赚 5 角人民币的汇差，而且人民币升值的历史纪录是 6.048，也就是说还有近 10% 的升值空间。现在若进场抄底的汇率成本是 6.5，那就要考虑人民币贬值导致汇率成本增加的风险，以及人民币资产上涨空间大还是汇率贬值的空间大的问题。国际投机热钱希望汇率平稳，汇率成本不要增加。如果汇率从 6.5 回到 7 的话，兑换 1 美元就亏 5 角。无论是美元指数的走强还是美联储的政策转向，都可以引发人民币汇率的大幅波动，以及美元、日元套利盘出现大规模平仓。

A 股牛市最大的坎是 2023 年到 2024 年。民主党主政的美国政府大概率是主张强势美元的，而且 2023 年是美联储停止零利率政策的时间窗口，这可能对应美元指数结束长期调整的低点 85 点附近，对应 A 股一个高点，按周期估计可能是在 2023 年上证指数 5 000 点下方。届时，美元指数会有一个强劲的反弹，并对应 A 股的一个重要的低点，按周期估计可能是在 2024 年。

问题是，上证指数三浪 4 调整幅度有多大？如果从 5 000 点回踩 3 500 点，那么调整幅度为 30%。目前，A 股总市值 70 多万亿元，2022—2023 年涨至 100 万亿元问题不大，但是，如果从 100 万亿元跌 30% 的话，市值损失就是 30 万亿元，这对国民财富的打击是巨大的。如果 2023—2024 年这个坎迈不过去，A 股就谈不上去突破 5 178 点、6 124 点，实现大牛市。A 股在走向牛市之前，最重要的就是应对数万亿元人民币规模的美元、日元套利盘与 QFII 的大规模平仓。看来，国家平准基金应提上议事日程了。

历史上，美国和日本都先后出现过汇率与股市先同向后反向的走势，但最近几年汇率与股市无明显关联。日本的历史告诉我们，本币大幅升值对本国股市不利，甚至可以引发长期熊市。不知那些认为本币大幅升值会拉动 A 股牛市的专家对此结论有何看法？

第四节　期指预警：A 股变盘先行指标

关于股指期货（简称期指）有两个小故事。第一个是争夺 A 股定价权，新加坡富时 A50 股指期货，领先于沪深 300 股指期货出台，被指责争夺 A 股定价权。新加坡相关机构公开表示对此感到很委屈，因为本来想一起出来，没想到沪深 300 股指期货出来得这么慢，实在等不了了。其实，新加坡是在代人受过。新加坡富时 A50 股指期货在很长一段时间内是海外投机资金争夺 A 股定价权的工具。之前，香港恒生指数在期货市场扮演的是类似的角色。2007 年 A 股大牛市中发生的“2·27 大跌”“5·30 大跌”，都恰好发生在香港恒生指数期货交割日。海外投机资金通过打压 A 股，拖累港股，在恒指期货套利。可见，股指期货一出来就成为大资金调控指数的工具。大资金决战在股指期货，现货只是股指期货套利工具，通过用股指期货单边市引导现货单边市，打爆期指空头（多头）或者消灭融券（融资）盘。

第二个故事是有关股指期货出台对市场利好还是利空。官方说法是利好，可以利用股指期货套保，对冲 A 股下跌风险，减少现货市场抛压，有利于现货市场稳定。但是，和讯网曾经请来一位来自中国台湾的股指期货专家做报告，他说股指期货是中性的。台湾在股指期货出台后，底部助涨，高位助跌。他还在台下对我说，现在在上证指数 3 100 多点推出股指期货，肯定助跌。果然不出这位专家所料，沪深 300 股指期货 2010

年 4 月 16 日推出后，正好把 4 月 15 日 3 181 点变成了 2010 年头 10 个月的最高点，两个多月大跌 800 点。

更大的灾难还在后头。2015 年 6 月 15 日进入股指期货季月合约交割周，前一交易日刚创下 7 年新高 5 178 点的上证指数突然开启持续暴跌，连续上演千股跌停的惨剧，两个月跌 45%，从 5 178 点跌到 2 850 点（最终跌到 2 638 点才稳住），与之对应的沪深 300 股指期货下季合约从 5 388 点跌到 2 532 点，跌 53%，居然较现货贴水 400 点，这还是在政府降息降准、停发新股、1 万亿元国家队直接进场紧急救市的情况下。当时的说法是有外资投行在股指期货上裸卖空（指无股票现货持仓的客户开期指空单，即期指做空不是为对冲现货风险，只为做空套利）。为此，中国金融期货交易所紧急出台文件，限制股指期货交易。

现在最大的问题是，从 2020 年 11 月 1 日起，QFII 资金已可以不受限制地参加 A 股股指期货交易。那么在未来的 A 股大牛市 5 000—6 000 点高位（本章第一节已提示这是本轮牛市的第一目标，到达时间早则为 2023 年，晚则为 2027 年），目前持股已达 1 万多亿元市值的 A 股的 QFII 资金如果期指现货联手大举做空，那么我们如何避免“5 178 暴跌”“6 124 暴跌”的悲剧重演?

股市投资者，无论是否参与股指期货交易，都可以从研究笔者的上证指数实战预测系统的股指期货警戒线入手，最大限度地获取利润且规避风险。

一、大盘重要拐点与股指期货季月合约交割的关系

2010 年沪深 300 股指期货上市以来，大盘重要顶部和底部几乎都出现在 3、6、9、12 季月合约交割月或者交割月次月，它们成为变盘时间之窗。因为季月合约交易时间长、持仓量大，所以它们成为多头空头主力的必争之地。

季月合约交割月重要拐点有，2012 年 12 月 1 949 点、2013 年 6 月 1 849 点、2015 年 6 月 5 178 点、2015 年 12 月 3 684 点、2020 年 3 月 2 646 点。

季月合约交割月次月重要拐点有，2010 年 7 月 2 319 点、2011 年 4 月 3 067 点、2012 年 1 月 2 132 点、2016 年 1 月 2 638 点、2018 年 1 月 3 587 点、2018 年 10 月 2 449 点、2019 年 1 月 2 440 点、2019 年 4 月 3 288 点、2020 年 1 月 3 127 点、2020 年 7 月 3 458 点。

变盘时间多数为交割周（期指合约到期月的第三周），比如 2015 年 6 月 12 日 5 176 点、2020 年 3 月 19 日 2 646 点，或者交割周次周，比如 2013 年 6 月 25 日 1 849 点、2015 年 12 月 23 日 3 684 点。

以上基本覆盖了 2010 年以来比较大的拐点。需要说明的是，为什么季月合约交割月次月的重要拐点远多于交割月？其中的重要原因是，季月合约多空主力大决战往往难分胜负、互不服气，不得不移仓下月再战。历史上季月合约重要拐点通常是多空一方取得阶段优势的结果。

2010—2020 年拐点太多而且多数级别不高，正体现了震荡市的特点，2021 年开始牛市年线主升浪，拐点会大幅减少，由股指期货警戒线判断重要拐点将十分关键。你只需牢记股指期货警戒线的标准及应用实例，照猫画虎，再结合本章介绍的上证指数实战预测系统的其他指标，确认拐点即可。

至于，变盘时间之窗会不会变盘？我们可以依据股指期货警戒线判断。研究股指期货，可以从单一主力合约持仓以及排名前 20 的卖单入手。

沪深 300 股指期货持仓警戒线：

交割周前一周；单一主力合约持仓，基本稳定在 9 万—10 万手及以上。

交割周前一周；单一主力合约排名前 20 的卖单，基本稳定在 6 万—7 万手及以上。两条标准同时满足，大概率是拐点警报。

2020 年 7 月 6 日单一主力合约（行情软件显示为沪深当月）持仓 106 395 手，排名前 20 的卖单 74 291 手，7 月 13 日上证指数 3 458 点开始调整，7 月 17 日下跌至 3 181 点。需要说明的是，7 月 13 日—7 月 17 日是主力合约交割周，7 月 6 日以后持仓数逐渐减少。但是，主力合约保持在持仓警戒线 9 万手以上，在交割周上证指数从 3 458 点到 3 181 点跳水，由此可见交割周的杀伤力以及我们前面提到的季月合约交割月次月变盘的杀伤力。

下面情况虽是小概率，但也是拐点警报。

交割周头两天，单一主力合约持仓仍然在 8 万手，比如 2020 年 3 月 16 日—3 月 17 日。3 月 18 日—3 月 20 日大跌。

交割周前一周单一主力合约持仓 5 万手，次月合约持仓稳定在 5 万—6 万手，两个合约持仓 10 万—14 万手。比如，2020 年 2 月两合约总持仓 11 万手，3 月中旬大跌，2020 年 8 月 10 日—8 月 14 日两合约总持仓 15 万手。8 月 31 日创当年沪深 300 新高后大跌 300 多点。

交割周次月合约持仓 9 万—10 万手（交割周次月合约持仓历史纪录为 2014 年 11 月 174 844 手，但 12 月并未出现重要顶）。2015 年 6 月 19 日持仓 127 920 手，6 月 8 日上证指数为 5 178 点大顶。

据笔者观察，净空也就是卖单与买单差，通常没有典型的空头警示。首先，净空本应是永恒的。我们不必看到排名前 20 的卖单大于买单就忧心忡忡。因为除了纯作差价的套利多头和套利空头外，机构为减少重仓股票的风险也会开空单对冲风险，这被称为套保。大量套保空单是净空存在的前提，但是一旦净空异常，我们就要高度警惕。

2020 年 3 月 5 日，单一主力合约卖单与买单基本平衡，持仓 100 356 手，前 20 卖单 69 533 手，少于 7 月 6 日单一主力合约持仓 106 395 手，前 20 卖单 74 291 手，但上证指数调整幅度为 3 074 点到 2 646 点，大于 7 月调整幅度，这主要因为 3 月中旬美元暴涨、美国股市暴跌，外围利空远远大于 7 月。

2015 年 5 月 22 日，单一主力合约持仓 202 048 手，前 20

卖单 152 304 手，打破前 20 卖单 148 260 手的历史纪录。6 月 15 日交割周上证指数 5 176 点，到 7 月 9 日暴跌至 3 373 点。由此可见：

1. 持仓、卖单合列为空头指标。巨量持仓代表分歧巨大，其后市一看持仓是否达到警戒线与是否创历史新高，二看卖单。

2. 持仓、卖单达到警戒线有利空头，或下跌开始或下跌继续；持仓、卖单未达到警戒线有利多头，或反弹开始或反弹继续。

3. 单一主力合约持仓 2 万—3 万手靠近重要底。

4. 合约贴水（合约价低于现货价），有利空头；贴水过大，有利多头；合约升水（合约价高于现货价），有利多头；升水过大，有利空头。贴水异常的案例见下文。

2015 年 7 月 3 日单一主力合约持仓 137 428 手，前 20 卖单 113 950 手，前 20 买单 99 982 手，这是多头反击的成功范例，7 月 9 日上证指数为 3 373 点，到 7 月 13 日上涨至 4 269 点。7 月 9 日现货 3 517，主力合约 3 363，贴水 154 点，邻近交割日 7 月 17 日严重贴水，多头反击成功。

二、净空异常之案例：中信期货净空 4 400 手

2020 年 8 月 18 日，股指期货第一主力中信期货 9 月的合约卖单为 10 422 手，比 3 月 10 395 手还高。8 月 28 日达到

15 029手，为2020年最高。8月18日，中信期货9月合约买单仅5 985手，净空4 437手。通常买单卖单双方较接近，中信期货无论做多做空，都战绩卓著。以上证指数波动空间计，中信期货卖单从2020年3月中获利400点；3月20日中信期货做空12 100手，4月比3月最高的点还多2 000手，看错止损；但9月看空正确，扳回一局。中信期货买单2020年3月中、7月前两次抄底获利400点。因此，我们对其做多做空仓位的持仓名次变化须特别关注。中信期货9月合约净空异常，这提示，2020年9月风险较高。果然，上证指数从8月18日3 456点跌至9月11日3 220点。

另一主力中金期货做多抄底，一战成名。2月3日（受春节新冠肺炎疫情影响，3 000多个股跌停），2月4日、5日两天中金期货分别大举加仓800手，为1 332手，6—10日继续加仓，持仓加倍最多近8 000手，升为买单第一，领头做多，3月5日，上证指数达3 074点，为上半年次高，空方主力中信期货卖单加仓741手，仅次于1.21加仓量，3月9日上证指数跳空下破3 000点，中信期货卖单加仓1 341手，超中信期货买单持仓，中金期货买单减122手，仍持仓5 800手。3月17日上证指数跌破2 800点，中信期货做空大减731手，中金期货买单大减1 099手，仍持仓3 787手，与2月3日持仓持平。3月18日跌近2 700点，中金买单多已不在榜，按期指计算仓位损失至少10%利润。中信期货做空再减2 000手完胜。

第五节　历史重演：相似形态的真相与假象

历史常有惊人的相似之处。但是，历史又不会简单重复。市场的走势不但有类似春夏秋冬的周期轮回，而且有历史走势形态的惊人重演。

很多人至今不明白，上证指数 6 124 点为什么成为 A 股一个长期无法跨越的高度？这个问题我早就找到了答案。

一次偶然的机会，我发现了 1929 年 10 月道琼斯指数 385 点暴跌（从 385 点跌至 41 点，跌幅接近 90%）前后季度 K 线图，与 2007 年 10 月上证指数 6 124 点暴跌（从 6 124 点跌至 1 664 点，跌幅接近 73%）前后月 K 线图惊人地相似。这种跨时代跨市场走势的相似，恐怕不是偶然巧合。于是，我在 2009 年《毁灭与颠覆：重重迷雾笼罩的金融危机》中猜测：1929 年道琼斯指数暴跌后进入长期熊市，过了 25 年才创历史新高。6 124 点暴跌后很可能会进入长期熊市。

结果真的被我言中。6 124 点暴跌距今已经 13 年了，上证指数还在 3 000 点徘徊，不知何时突破 6 124 点创出历史新高——也许用不了 25 年，但可能至少要 20 年。

受此启发，我们可以将相似形态的走势做比较，借助历史上已知的形态走势，预测相似形态的未知走势。

从相似走势形态角度分析，2020 年 9 月对应 2015 年 2 月，从 2015 年 2 月往前推一年八个月就是 2013 年 6 月 1 849 点历史大底。从 2020 年 9 月往前推一年八个月就是 2019 年 1 月

2 440 点历史大底。这是偶然的巧合，还是历史的重演？

截至 2020 年 9 月，1 849 点到 5 178 点第一波上涨中继平台（3 049 点到 3 406 点）与 2 440 点到 3 458 点上涨中继平台，两段行情有太多相同之处，相同的大底，距大底相同的时间，都是一年八个月，到达相同的空间（3 000 点到 3 400 点），进行相同的平台整理，而且平台的两个最高点，也都正好差两个点。更巧的是，两轮行情还消耗了相同数量的资金，两轮行情沪市第一阶段日天量都是 7 900 亿元，平台调整 3 个月后都萎缩到 2 100 亿元上下，两次证券板块的月天量都是 24 000 亿元，次月都是 13 000 亿元。考虑到长假减少交易日因素，第三个月都是 7 000 亿元水平。如果说上面这一切都是巧合，那也实在太巧了。我只能深深地一鞠躬，主力好辛苦，难为你们了。

有高人谈到领导艺术的玄机时称，有些只说不做，有些只做不说，有些要说也要做。主力属于只做不说。参照 2015 年 3 月突破整理平台高点的走势，2020 年 10 月必有上攻，至于能否突破 3 458 点，要看国内外环境配合情况。但是最大的问题是，如果继续与 5 178 点行情对应，2020 年 12 月—2021 年 1 月多周期时间之窗出高点，将对 2021 年三浪 3 主升浪产生大干扰。考虑到 30 年来 2 年周期的神奇拐点规律，无论对应 2 449 点的 2020 年 10 月，还是对应 2 440 点的 2021 年 1 月，2020 年四季度都以出低点为宜（主力也是这样想的。用 2020 年 9 月 30 日的 3 202 点，对应 2 449 点，用 12 月 11 日的 3 325 点对应 2 440 点）。这可以让 2 年周期与多周期共振支持三浪 3 主升浪。

一、井喷暴跌形态的复制

井喷暴跌形态，上证指数在历史上上演了三次，1992—1994 年、2005—2008 年、2014—2016 年年初。对接下来的 2021—2024 年井喷暴跌形态的周期轮回，本章第一节已经进行了介绍。现在，要解决大家关心的一个问题：井喷的来龙去脉，也就是如何抓住井喷的暴利。

我长期跟踪的一个顶尖高手曾这样描述：月线图上，由长期压力线、中期压力线、短期压力线组成的多重三角形向上突破，必然形成井喷行情。比如，以 3 478 点到 3 186 点到 3 067 点到 2 444 点到 2 260 点长期压力线为三角形上边，分别以 998 点到 1 849 点到 1 974 点长期支撑线为三角形下边，以 1 664 点到 1 849 点到 1 974 点长期支撑线为三角形下边构成两个三角形，两个三角形 2014 年 8 月向上突破，形成 5 178 点井喷。现在看本次井喷条件是否完备。

5 178 点至 3 578 点长期压力线为三角形上边，1 849 点至 1 974 点至 2 449 点至 2 440 点至 2 646 点长期支撑线为三角形下边，构成的三角形已经被 2019 年 2 440 点至 3 288 点井喷突破，并被 2 833 点回抽确认。

5 178 点至 3 288 点长期压力线为三角形上边，3 578 点至 3 288 点至 3 127 点中期压力线为三角形上边，1 849 点至 1 974 点至 2 449 点至 2 440 点至 2 646 点长期支撑线为三角形下边，构成的两个三角形都已经被 2 646 点至 3 458 点井喷突破。截至 2020 年 11 月，市场以 5 个月强势平台整理消化，拒绝回抽确认。

剩下的两个三角形，一个 5 178 点到 3 458 点连线为上边，一个 3 684 点到 3 587 点到 3 458 点为上边，以 1 849 点到 1 974 点到 2 449 点到 2 440 点到 2 646 点为下边，构成的两个三角形，于 2020 年 12 月同时向上突破。以 1 849 点到 1 974 点到 2 449 点到 2 440 点到 2 646 点长期支撑线为下边，构成的三角形即将向上突破。

最后一个三角形，上边为 6 124 点至 5 178 点长期压力线，2020 年在 4 300 点；下边为 998 点至 1 664 点上升支撑线被向下突破成为长期阻力，2020 年在 4 000 点，曾经准确地阻挡 2 638 点至 3 578 点反弹。市场 2021 年的任务，首先重返最后一个三角形之中，再向上突破，见下图：

需要观察的是，2021 年向上突破 4 000 点到 4 300 点，以及 2022—2023 年挑战 5 178 点井喷，同时要警惕井喷后的暴跌。我在本章第一节已经做了说明。

现在的问题是，即将到来的井喷形态更像 6 124 点，还是更像 5 178 点。这两个井喷看起来很相似，但实则有重要区别：最后的上涨，6 124 点是从上涨中继平台（3 404 点到 4 334 点）缩量上涨 50% 以上；5 178 点是从上涨中继平台（3 049 点到 3 406 点）放量上涨 50% 以上。前者缩量上涨，一旦出现最后上涨过程中的次天量，大顶就出现了；后者放量上涨，一旦出现历史天量，大顶就出现了。要特别注意实质性利空的共振打压。

抓住井喷暴利，重要的是识别上涨中继平台与顶部反转平台。

考虑到本节前面提到的 2 440 点行情与 1 849 点到 5 178 点行情有诸多相似，我认为以主升第三浪复制 5 178 点行情，空间相似，时间拉长的可能更大。上涨中继平台放量上涨 50% 以上，冲击 5 000 点。

二、利用高位平台形态相似性比较，判断3 458点到3 174点到3 456点平台到底属于哪个级别。

看山是山，看山不是山，看山还是山，是看山的三重境界。看股指K线图也有三重境界：看上去似回到原点，实际是螺旋式上升，曲折式前进。如果孤立、静止、片面地看山，山就还是山，这属于第一重境界。观察2020年9月以前的3 458点到3 174点到3 456点平台，它们组成上升三角形，大概率会向上突破。3 458点到3 174点到3 456点平台，其前面是上升形态，后面会继续上升。以这个逻辑演绎，大树也会长上天，这岂不荒唐？再说，如果看股指K线图这么简单，那岂不是大家都赚钱？那样大资金还赚谁的钱，还割什么韭菜？

我们运用辩证法，从联系、发展、全面的角度看山，就会达到第三重境界。

首先，运用联系、发展、全面的观点，与以往相似的高位平台进行比较，看过去的平台如何演变。你会发现高位平台分为两种：一是上涨中继平台，一般不超过两个月就会突破创新高。比如，2007年5—6月，4 335点到3 404点到4 312点平台（10周）；2015年1—3月，3 406点到3 049点（10周），平台突破后大涨50%。二是顶部反转平台。2007年10—11月，6 124点到5 462点到6 005点（4周），平台突破后大跌70%。

特殊的是，2019 年 3 月 3 129 点到 2 963 点平台（4 周），平台先向上突破后涨 5%，构筑 2019 年 4 月 3 288 点到 3 111 点到 3 279 点平台（4 周），之后，平台向下突破大跌 20%，截至 2020 年 8 月底，构筑 3 458 点到 3 174 点到 3 456 点平台（8 周）。

和相似的高位平台比较后，我们发现高位平台向上突破与向下突破的两种可能，因此看山不是山，也没那么简单。现在的问题是，2020 年 7—8 月，几十万亿元资金搭建的 3 458 点到 3 174 点到 3 156 点平台会向哪个方向突破，3 458 点到 3 456 点到底是哪个级别的顶部。

我们还要从历史的相似平台去找答案。我发现了一个规律，相似平台不管最终向上突破还是向下突破，突破以前都是缩量的。缩量是平台整理的惯例，而不是本章第三节中历史井喷行情失败的魔咒所简单总结的，月成交金额缩量 20% 就是趋势反转的顶部警告。比如，2015 年 1—2 月，上证指数 3 400 点到 3 050 点，月成交金额由 2014 年 12 月的 11.5 万亿元持续萎缩到 7.8 万亿元，再到 4.1 万亿元（因为 2015 年春节少一个交易周），3 月平台向上突破后，月成交金额大涨 50%。这样的情形显得很矛盾。

问题的关键是，3 400 点到 3 050 点上升中继平台虽然出现过月成交金额大幅萎缩，但是最终在 2015 年 3 月 16 日突破 3 400 点，为放量中阳 4 780 亿元，3 月 17 日确认突破上升中继平台的天量中阳是，以平台天量 6 000 亿元完成的（而

5 178 点第一阶段井喷的天量出现在 2014 年 12 月 9 日）。到 2020 年 8 月，3 458 点到 3 456 点上升中继平台突破失败，因为 8 月 17 日缩量中阳 5 374 亿元，8 月 28 日缩量中阳 3 794 亿元，比 7 936 亿元平台天量萎缩 30%—50%。

其次，2020 年 8 月下旬股指期货 5 年天量（140 247 手）与现货阶段地量（3 172 亿元），形成了尖锐的矛盾，高位地量向下变盘成必然。

其实道理很简单。周期支持高位震荡到 9 月中旬，但是成交量已无法支持高位震荡。为什么？因为人心散了，队伍不好带了。

第一，高位地量很可能具有多头陷阱的含义，也就是温水煮青蛙。

最大的问题是，在股指期货主力合约多头空头展开 5 年未见大决战的态势时，现货却出现高位地量中阳。这意味着多头上攻未遇阻，股指期货空方天量持仓面临账面全线亏损，此时现货空方放弃抵抗，放任沪深 300 创 5 年新高 4 901 点，这只能用诱多解释。果然，空方制造了一个多头陷阱，完成了高位空单最后的部署。

最后令人恍然大悟的是，多方需要做一个形象工程。与一年前走势相似，上海证券交易所科创板开市第一周的走势是先拉上去再创新低。2020 年 8 月底注册创业板开市重复科创板开市第一周的走势，拉上去再创新低。这个判断被 9 月单边下跌走势证实。

从历史上相似的平台中，我们也能得到提示。2015 年 1 至 2 月平台、2015 年 5 至 6 月平台，前一平台是上升中继平台，当时股指期货与现货创下双历史天量，上证指数 3 400 点到 3 050 点缩量调整 10% 后又上涨了 50%。后一平台是 5 178 点筑顶平台，股指期货与现货再次创下双历史天量，结果出现 50% 调整。现在的问题是：上证指数 3 174 点到 3 458 点平台是向上还是向下？是先向下后向上，还是先向上后向下？

先介绍一下股指期货合约持仓天量对市场变盘的决定性作用（期货的成交金额通常大于现货）。

股指期货和现货双阶段地量，大概率就是 2 449 点与 2 440 点（持仓 30 000—50 000 手，1 000 亿元）历史大底。股指期货天量是重要顶部出现的必要条件。如果是股指期货与现货双历史天量，大概率就是历史大顶，比如 5 178 点（持仓 200 000 手，14 000 亿元）。

如果是股指期货与现货双阶段天量，大概率 10%—20% 调整，比如阶段顶 3 404 点、3 458 点（持仓 120 000—160 000 手，5 500 亿—7 900 亿元）、3 288 点（持仓 70 000 手，5 000 亿元）。

但是需要特别注意的是，股指期货天量是多空双方的重大分歧，自然是在顶部、底部都可能发生。急跌时，股指期货阶段天量、现货阶段地量，形成阶段底、重要底、历史大底，2013 年 6 月，1 849 点（6 月 24 日，持仓 90 000 手，6 月 25 日，成交量 1 047 亿元）；2020 年 3 月，2 646 点（持仓 100 000 手，成交量 2 684 亿元）。

需要解决的问题是特例。2020 年 8 月 28 日，股指期货 5 年天量（140 247 手）、现货阶段地量（3 794 亿元），这能不能确认 3 458 点到 3 456 点是阶段顶？

形态测市，除了相似形态比较，还有一个方法是时间和空间量能共振。任何一个重要的拐点，都是时间和空间量能以及消息共振的产物。2020 年 7 月 13 日，3 458 点符合这些条件。

从量能角度看，上证市场 7 月 3 458 点成交金额为历史第五高。2020 年 7 月深证市场和创业板成交金额创下历史新高，按照天量天价计算，可以形成重要顶，尤其是 3 个指数在 8 月的成交金额环比大幅下降的情况下；况且 8 月股指期货主力合约持仓和前 20 卖单已经逼近 2014 年 12 月历史第二高峰期，至少符合股指期货和现货双天量阶段顶。

从时间角度看，2019 年 2 440 点到 2020 年 9 月满 21 个月。如果不调整，理论上上证指数就要涨到 34 个月再调整。虽然上证指数很委屈，2020 年真正的上升行情时间才 8 日，但是，深证成指与创业板涨了 21 个月。创业板从 2018 年 10 月首先启动，也是第一个停止上涨开始调整的板块。

从空间角度看，上证指数 3 458 点是 2018 年 2 月 3 587 点以来的高位。时间和空间量能共振最少可以判断 3 458 点见阶段顶。这类似于 2015 年 1—2 月的 3 400 点阶段顶。

最后的问题是，2020 年 9 月 11 日，股指期货阶段天量（100 000 手）、现货阶段地量（2 548 亿元），我们能不能确认

3 220 点附近形成阶段底？在上证指数实战预测系统中，股指期货合约持仓天量对市场变盘起决定性作用。

首先，沪市 9 月 11 日的日成交金额为 2 548 亿元，是 6 月 10 日 2 440 亿元以来日地量，沪市本周成交金额 15 835 亿元，是 6 月 19 日周成交金额 14 508 亿元以来的周地量，已经逼近 2 646 点以来周地量 11 000 亿元。我们如果画一个成交量的 K 线图，就可以发现日成交量调整到底平台，周成交量呈现出经典的倒 V 顶部反转，也调整到底部平台。

大盘先行指标证券板块的月成交额也基本调整到位。2014 年 12 月—2015 年 2 月，24 924 亿元萎缩到 13 909 亿元，再萎缩到 7 104 亿元（包括春节休假 7 天），2020 年 7—9 月，24 538 亿元萎缩到 13 155 亿元，再萎缩到 3 568 亿元（至 9 月 11 日）。先不说后市如何上涨，至少从量价总体来讲，这符合地量地价。这基本上封杀了下跌空间。鉴于震荡市，地量地价可以同时出现。结论：9 月中旬 3 200 点附近形成阶段底。

其次，如果按照形态相似来分析，2020 年 9 月 11 日相当于 2015 年 2 月 9 日。2020 年 9 月 11 日，沪市成交量 2 548 亿元（只有日天量 7 936 亿元的 32%），对应 2015 年 2 月 9 日，成交量 2 440 亿元（只有日天量 7 934 亿元的 31%）。9 月 11 日沪市周成交量为 15 835 亿元，只有周天量 36 692 亿元的 43%，对应 2015 年 2 月 6 日沪市周成交量的 14 551 亿元，只有周天量 28 220 亿元的 52%。周成交量萎缩的程度比 5 178 点时第一阶段的调整更彻底。9 月 11 日，股指期货主力合约持仓 101 500 手，前 20 卖单 74 284 手，与 8 月 28 日股指期货主力合约持仓 140 314 手，前 20 卖单 104 520 手比较，大幅减少 30%（与下周为主力合约交割周有关）。但是，持仓卖单减少的只有部分体现在其他合约，尤其是 9 月 10、11 日，股指期货主力合约持仓卖单，大量平仓，少量移仓，这说明空头对下周作为主力合约交割周以及年内走势都没有特别看空。

最后看周期系统。大多数周期提示，9 月 20 日出现低点后，10—11 月反弹，之后下跌到年底。

股指期货阶段天量、现货阶段地量形成阶段底，9 月中旬 3 220 点附近形成阶段底，中线资金 9 月中旬可以半仓抄底。

笔者在新浪微博上于 2020 年 5 月率先预测 7 月主升浪，到 8 月 17 日率先预测 3 458 点双头将现，开始阶段调整；到 9 月 11 日，笔者又率先预测 3 220 点阶段底。这个逻辑是怎么演变的？在这个否定之否定的过程中，有没有自相矛盾？

基于笔者上证指数实战预测系统的逻辑，周期是决定变盘时间和方向的必要条件。股指期货与现货量是决定变盘的充分条件；再加上神奇数字与先行指标的预警，预测无懈可击。

第六节　一叶知秋：先行指标透露上证指数轨迹

道氏理论最重要的判断是关联市场的走势是可以相互印证的。于是，许多投资者半夜看美股，白天看香港股市、富时中国 A50 指数，目的是看关联市场，预测 A 股走势。其实，这样做基本没有意义。因为上述指数对 A 股的影响不过是分时走势的短期影响，并不能影响 A 股的中长期走势。A 股众多指数中，上证指数无疑是 A 股最重要的代表指数。它由众多主要权重股组成，对 A 股中长期趋势反应滞后。那么，谁是 A 股中长期走势的先行指标？主要有两个：一是证券板块指数（880472）；二是创业板指（399006）。

2010 年 6 月 1 日上市的创业板指（399006），于 2012 年 12 月 4 日见 585 点历史大底，是 A 股众多指数中第一个完成熊市调整走牛市的，先于上证指数 2013 年 6 月 25 日 1 849 点大底完成调整。2015 年 6 月 5 日，创业板指见历史大顶 4 037 点，先于上证指数 6 月 12 日 5 178 点大顶。2018 年 10 月 19 日，创业板指见 1 184 点底，启动牛市五浪，先于上证指数 2019 年 1 月 2 440 点。创业板指 2019 年 4 月 8 日 1 792 点，与 3 月 1 789 点完成双头，相对于上证指数 4 月 22 日完成双头，创业板指是调整的先行指标。2019 年 6 月 10 日，1 410 点创业板指先结束调整启动新升浪。

历史上，证券板块指数一直是大盘先行的指标。证券板块指数往往先于大盘见底：1 664 点提前一个月；1 849 点提前一年半；2 440 点提前三个月；2 646 点提前一个月（只有 2005 年 6 月 6 日的 998 点晚一个月见 111 点底。大资金要完成大牛市前最后的底部建仓）。证券往往先于大盘见顶。5 178 点提前两个月，3 288 点提前一个月。至于 6 124 点晚一个月见顶，有可能为迎接 2007 年 11 月中国石油天然气集团（以下简称中石油）上市；也可能由于证券板块指数比大盘 998 晚一个月见大底，为了与大底形态对称，所以完成顶部最后的出货。

证券板块指数（880472），2020 年 7 月 9 日见顶 1 962 点，先于大盘 7 月 13 日 3 458 点见顶，大盘 2020 年 8 月 18 日二次见顶 3 456 点，证券板块指数只见 1 875 点，明显弱于大盘。这提示大盘已经见顶，二者都是阶段顶。

需要说明的是，2005 年 1 月挂牌的沪深 300 从来不是先行指标，可以算是上证指数关联指标，即使创新高也没有太大意义。大底大顶基本上与上证指数同步，二者关联度达 95% 以上。

2020 年 8 月 31 日沪深 300 首先突破 7 月形成的高点 4 878 点，创下 4 901 点五年来的新高。有网友问，这是不是意味着上证指数即将创新高？ 我坚持沪深 300 诱多表演结束后与其他指数一起继续调整。

任凭风浪起，稳坐钓鱼船。这就是笔者在 2020 年 8 月底 9 月初的心态。A 股 3 458 点到 3 174 点到 3 456 点平台突破时间已经到了。上证指数预测系统的 7 个子系统全部看空。静观多空表演大戏，等待市场下跌。

在这里，我坚持的理由是决定上证指数后市的关键，不是关联市场指标，而是先行指标。

证券板块指数和创业板指数两个先行指标都弱于上证指

数，由此可以进一步判断 3 458 点见顶。当然，这两个先行指标仅是短中线看空，长线看多。

据我观察，2020 年证券板块日成交金额 500 亿元强势整理。日成交七八百亿占两市日成交金额 5%，可以大涨。1 000 亿元以上占两市日成交金额 10%，可以持续大涨。问题是，证券板块的成交量图一浪低于一浪，已回到 6 月 18 日启动前的弱势 300 亿元，当时证券板块指数（880472）为 1 300 点。9 月 1 日是 1 779 点。当然牛市是可以缩量上涨的，在没有创历史新高之前，只能反弹，但缩量反弹无法持续。

如果认为单凭证券板块指数弱势，不足以判断大盘的走势，我们可以再结合创业板指的走势。

创业板指、证券板块指数同时在 2018 年 10 月 19 日见底，领先深沪两市见底两个多月。

作为牛市的先行指标，创业板指、证券板块指数如果上涨速度明显减慢，那么涨幅落后的上证指数开始加速上涨，此时我们就要警惕，一波主升浪要告一段落。2020 年 7 月恰巧出现了这种情况。创业板指月涨幅 14%，小于 6 月涨幅。深圳成指（深圳证券交易所成分股价指数）涨幅 13.7%，只略高于 6 月。上证指数涨幅 10%，翻了 1 倍。证券板块指数 7 月涨幅 22%，翻了 1 倍。

但是，深成指与创业板及证券板块都已完成了一倍升幅，所以需要较长时间的平台整理。

2020 年 7 月证券指数成交金额 24 538 亿元，成为历史第二月天量，仅次于 2014 年 12 月第一天量 24 924 亿元，但远高于见历史大顶的 2015 年 4 月第三月天量 21 627 亿元，且隔了 5 年；再加上证券板块指数 2019—2020 年 11 月 30 日成交金额 16 万亿元，是 2010—2014 年成交金额 10 万亿的 1.6 倍，即使考虑 2015—2020 年二级市场筹码增加，也增加不了 60%。可见 2021 年是证券板块历史上第三波新升浪。从年线看这是第五浪或者三浪 3。按照第三浪不能是最短一浪的波浪理论铁律，第三浪不能少于第一浪日涨幅 2 649 点（2 760 点与 111 点之差），而实际上第三浪仅 2 316 点（2 931 点与 615 点之差），因此 850 点启动的是爆炸性的三浪 3，与上证指数一致。突破 2 931 点是必需的，但是，这个目标的实现要等待 2021 年或者 2022 年。长期趋势坚决看多。证券板块指数 2020 年 7 月涨幅 22%，为 201 年以来的第四大月涨幅。值得注意的是，2007 年以来证券板块指数出现 30% 以上的月涨幅后，大多数都开始调整（除非出现新的月天量才能继续大涨）。因此，无论证券板块还是大盘，2020 年 8 月开始都将是整理走势，不可能继续大涨。

第七节　短线预测，抓住抄底最佳时机

瑞典皇家科学院称，获得 2013 年诺贝尔经济学奖的三名经济学家为“现有对资产价值的认知奠定了基础”。几乎没什

么方法能准确预测未来几天或几周股市债市的走向，但可以通过研究，对三年以上的价格进行预测。2020 年，我挑战自己的弱项——短线预测，并取得了重要突破。

量变引起质变，是唯物辩证法的基本规律之一。笔者用量价分析，从成交金额的变化规律入手，可以提前预测指数的短中期走势。比如，通过上海股市上午成交金额，甚至开盘半个小时至一个小时的成交金额，乃至通过集合竞价成交，我就可以预测当天指数上涨或下跌，以及波动幅度；如果再结合证券板块成交金额，预测准确性更高。

如果说前面介绍的主要是上证指数中长期甚至超长期预测，那么现在我介绍的是上证指数短线预测。

一、集合竞价预测

我从上证指数集合竞价成交金额可以初步判断一天的走势，并发现了这样的规律：

沪市 2020 年下半年平台整理期间，维持 3 400 点强势整理，需要日成交金额 4 000 亿元，集合竞价 40 亿元；有效突破 3 458 点，需要日成交金额 5 000 亿元，集合竞价 50 亿元，弱市（集合竞价 30 亿元，日成交金额 3 000 亿元）。整理市全天成交多数为集合竞价成交 90—100 倍。

上证指数集合竞价成交金额 30 亿元及以下，收 1% 以内小阳小阴。

9 月 1 日，集合竞价 27 亿元，涨 0.44%；9 月 2 日，集合竞价 34 亿元，跌 0.17%；9 月 3 日，集合竞价 30 亿元，跌 0.58%；9 月 7 日，集合竞价 24 亿元，跌 1.87%；9 月 9 日，集合竞价 27 亿元，跌 1.86%；9 月 10 日，集合竞价 26 亿元，跌 0.61%；9 月 11 日，集合竞价 26 亿元，涨 0.79%；9 月 14 日，集合竞价 24 亿元，涨 0.57%；9 月 15 日，集合竞价 16 亿元，涨 1.04%；9 月 17 日，集合竞价 18 亿元，跌 0.41%；10 月 15 日，集合竞价 18 亿元，跌 0.26%；10 月 19 日，集合竞价 28 亿元，跌 0.7%；10 月 20 日，集合竞价 17 亿元，涨 0.47%；10 月 21 日，集合竞价 15 亿元，跌 0.09%；10 月 29 日，集合竞价 28 亿元，涨 0.11%；11 月 2 日，集合竞价 25 亿元，涨 0.02%；11 月 3 日，集合竞价 21 亿元，涨 1.42%；11 月 5 日，集合竞价 30 亿元，涨 1.3%。

上面 18 个交易日除 9 月 7 日、9 月 9 日、11 月 3 日、11 月 5 日为正负 1%—2% 外，波动稍大，其余都是垃圾时间。全天走势正负 1% 以内小阳小阴。

列举一个垃圾时间的全日沪市与证券板块（880472）数据：

11 月 2 日，9 点 25 分，集合竞价上证指数 25 亿元，证券板块 1.8 亿元。9 点 35 分，上证指数 246 亿元，证券板块 22 亿元；9 点 40 分，上证指数 400 亿元，证券板块 41 亿元；10 点，上证指数 900 亿元，证券板块 90 亿元；10 点 30 分，上证指数 1 400 亿元，证券板块 140 亿元；11 点 30 分，上证指数 2 000 亿元，证券板块 219 亿元；14 点，上证指数 2 650 亿元，证券板块 308 亿元；15 点，上证指数 3 253 亿元，证券板块 367 亿元。

上证指数集合竞价成交金额 50 亿元附近，当日较大波动。

9 月 4 日，集合竞价 47 亿元，跳空 48 点下跌，较前收盘留下跳空缺口，大跌近 2%，如果集合竞价 80 亿元，可能就会强反弹回补缺口。9 月 3 日，美国股市大跌是外因。

8 月 31 日，集合竞价 47 亿元，上冲 3 442 点第三次攻击年内高点失利收阴，最大涨幅超过 1%。

从证券板块（880472）集合竞价的成交金额占沪市及两市集合竞价成交金额比例，我们也可以预测证券板块及大盘当日走势。

证券板块集合竞价及全天分时成交金额占沪市成交金额 5%，全天走势小阳小阴。证券板块集合竞价及全天分时成交金额占沪市成交金额 10%，波动较大，小幅上冲，证券板块集合竞价及全天分时成交金额占两市成交金额 10%，中阳。

证券板块（880472）日成交金额，200 亿—300 亿元地量区；500 亿元强势平衡，可收 3% 中阳；800 亿—1 000 亿元强势攻击，可收 5% 以上中长阳。持续出现 1 000 亿元日成交，可以出现连续大涨。

8 月 17 日，证券板块指数涨 5%，中阳，全天成交 1 078 亿元，占两市成交金额 9.34%（沪市 5 374 亿 + 深市 6 165 亿），最高 3 450 点，沪市涨 2.3%，中阳。

8月18日，上冲3 456点，不能突破3 458点，主要是大盘缩量，上证指数成交金额从8月17日的5 374亿元到8月18日的4 931亿元，减少443亿元，证券板块成交金额从1 078亿元（8月17日占两市成交金额9.34%）降到692亿元（8月18日约占两市成交金额6%），减少约386亿元。所以证券板块指数是大盘先行指标。

7月6日，证券板块指数涨9.6%，长阳，成交金额1 513亿元，成交额超强势，占两市成交额15 661亿元比例接近10%。

二、开盘确认

比如，2020年8月18日，沪市竞价50亿元。9点35分，400亿元；9点40分，700亿元；10点，成交金额1 400亿元，证券板块成交金额200亿元；10点30分，2 000亿元，证券板块成交金额300亿元。由此可以提前预测指数的当天走势，预测沪市上午成交金额3 000亿元，当天成交金额5 000亿元（实际4 931亿远低于前一日的5 374亿），证券板块成交金额小于800亿元（实际692亿远低于前一日的1 078亿），强平衡市，无法有效突破3 458点（当日最高3 456点）。

2020年8月19日，根据沪市开盘竞价及上午9点50分证券板块成交金额小于前一日，结合基本面中国人寿否认合并，期货指数主力移仓，空头反扑，上午9点50分最后提示风险（当日最高 3 454 点）。

8 月 28 日，证券板块成交金额 538 亿元，占两市成交金额 6%，8 月 31 日，证券成交金额 689 亿元，占两市成交金额 6.6%。上冲 3 442 点，不能突破 3 458 点。

8 月 31 日符合上述要求。9 点 35 分，400 亿元；9 点 40 分，700 亿元；10 点，1 300 亿元；10 点 48 分，成交金额 2 200 亿元；预测上午不到 3 000 亿元，全天不到 5 000 亿元，结合 8 月 17 日成交金额 5 374 亿元，8 月 18 日 4 931 亿元两次冲 3 450 点回落，笔者在新浪微博当天上午 10 点 48 分发布警告上冲回落，全天收盘 3 395 点。上午上冲 3 442 点回落，下午收小阴。

上午收盘确认。通常上证指数上午收盘 2 000 亿元及以下，全天收盘 3 000 亿元及以下。垃圾时间走势小阳小阴。上午收盘 3 000 亿元满足强平衡市标准，不满足突破 3 458—3 500 点成交标准。

11 月 9 日，集合竞价上证指数 34 亿元，证券板块 4.8 亿元。9 点 35 分，上证指数 350 亿元，证券板块 42 亿元；9 点 40 分，上证指数 650 亿元，证券板块 70 亿元；10 点，上证指数 1 200 亿元，证券板块 134 亿元；10 点 30 分，上证指数 1 800 亿元，证券板块 230 亿元；11 点，上证指数 2 200 亿元，证券板块 290 亿元；11 点 30 分，上证指数 2 700 亿元，证券板块 448 亿元；14 点，上证指数 3 500 亿元，证券板块 587 亿元；15 点，上证指数 4 299 亿元，证券板块 689 亿元。

11 月 10 日，集合竞价上证指数 60 亿元，证券板块 9.3 亿元。9 点 35 分，上证指数 450 亿元，证券板块 67 亿元；9 点 40 分，上证指数 700 亿元，证券板块 100 亿元；10 点，上证指数 1 380 亿元，证券板块 180 亿元；10 点 30 分，上证指数 2 000 亿元，证券板块 270 亿元；11 点，上证指数 2 350 亿元，证券板块 314 亿元；11 点 30 分，上证指数 2 618 亿元，证券板块 347 亿元；15 点，上证指数 3 900 亿元，证券板块 521 亿元。

11 月 9 日、11 月 10 日与 8 月 18 日、8 月 31 日攻击 3 456 点、3 442 点，分时量能相近略低，既然前两次以沪市（5 374 亿元、4 369 亿元）、证券板块（1 078 亿元、689 亿元）攻击失利，这次以沪市（4 299 亿元）、证券板块（689 亿元）攻 3 400 点很可能也失利。截至 11 月 10 日上午收盘沪市、证券板块成交少于 11 月 9 日上午收盘，可以判断下午无戏。果然，下午全线收阴。

以上午收盘预测遭遇罕见反例。8 月 28 日，沪市集合竞价 27 亿元，上午成交 1 998 亿元，证券板块成交 168 亿元，以下午为上午成交的 50% 测算，全日成交金额少于 3 000 亿元，证券板块成交少于 300 亿元，本应属弱平衡市。结果风云突变，下午证券发力，全日成交 3 794 亿元，证券 538 亿元，上证指数涨 1.6%，中阳。因为多头维稳创业板注册制改革第一周收官，空方主动后退，逢高加仓 1.5 万手，完成 5 年来股指期货主力合约最大持仓 14 万张合约的最后高位布局。股指期货多头套利盘，掉入空头套利盘和多头套保盘联合挖的陷阱。

证券板块当日有没有戏？我们可以看涨停板的数量。上午 10 点有一个涨停，可以支撑小幅进攻；有 3 个涨停，可能大涨，比如，2020 年 8 月 17 日。但是关键在于有没有大盘证券股涨停。8 月 17 日、8 月 24 日上涨之所以没戏，是因为两次证券龙头中信建投都只上涨了 3%，如果一个涨停都没有，那么可能是脉冲上涨，冲高回落。

反过来要是证券龙头领跌，那就更麻烦了。比如，2020 年 9 月 7 日，中信建投跌 5%，证券板块跌 3%，上证指数跌 1.87%。

2020 年 9 月 25 日上午，上证指数收盘 3 215 点，为两个月最低，上午成交金额 1 288 亿元，由此可推测全日成交金额低于 2 000 亿元，估计为 5 个月最低量。上午 11 点 37 分，一位新浪微博粉丝忍无可忍地给我发来一句话："老师，看来今天要新地量了。没有最低，只有更低。"我的回复是："震荡市，地量地价同步，今天或下周一必见底。另外，节前属特殊时期，地量不算。"最后，我也忍无可忍地加了一句："为什么涨时看涨、跌时看跌？好好反思。"当天最低 3 208 点，收 3 219 点。

我生气，不仅因为头一天晚上我在喜马拉雅的音频《3 220 有惊无险，节后有红包》中已经分析得很清楚了，更重要的是，9 月 23 日上午上证指数冲 3 300 点时，同样是这位粉丝给我发来一句话："今天不像要调整啊。大金融起来了要上冲。”我当时也忍无可忍地回了一句：“又创地量，冲个鬼。现在开始跟着深市跳。”结果当天跌至 3 271 点，次日见 3 248 点才止跌。这里的问题不是看盘准不准，而是在于涨时看涨、跌时看跌的心理问题，在于人性的两大弱点——贪婪与恐惧。大资金就是利用这一点，不停地多空变幻诱多诱空以收割“韭菜”。

第八节　上证指数实战预测系统的应用

作为一个 1993 年入市的老股民，最深的体会是在股市里生存，首先要转变思维方式。虽然本章介绍的上证指数实战预测系统和第三章提供的绝招，都是你在股市生存的工具，但是工具能否发挥作用，关键在于你思维方式的转换——要从散户思维转向政府思维、主力思维、金融战争思维；而且还要有第三章的想象力思维、老鼠思维等。总之，一定要学会换位思考，向你换位的对象靠近，切忌不要用散户思维的惯性来抵抗换位思考，否则你会感到很痛苦，甚至无法继续下去。

一、牛市三浪 3 的目标为什么降到 5 000 点以下？

本轮牛市是基本级三浪的第三浪，目标是突破 6 124 点。我一开始选择的是以主升浪三浪 3 突破 6 124 点，后来降到突破 5 178 点，最后降到最高触及 5 000 点。

为什么我这么调整？因为我把想象力思维的目标做了合理化和现实化，尤其我通过政府思维、金融战争思维的方式对目标进行了修正。

本章第一节介绍过，1 849 点到 5 178 点为第一浪，5 178 点到 2 440 点为第二浪，2 440 点到开始的第三浪至少应见 6 000 点附近，按波浪理论铁律第三浪不能是最小的一浪。另外，第三浪作为主升浪通常应当大于第一浪，理应接近 6 000 点（5 178−1 849+2 440=5 769），甚至突破 6 124 点，但是，我原来想的是，可以用三浪 3 主升浪实现这个历史性突破。不过，按照周期预测，三浪 3 结束时间是 2023 年，即第三浪的三浪 1，2019 年，2 440 点到 3 288 点；三浪 2，2019 年 3 288 点到 2020 年 2 646 点；三浪 3，2 646 点到 2021 年 4 000 点附近；2021 年三浪 4 回探 3 500 点附近；三浪 5，2021 年 3 500 点到 2023 年 5 000 点附近。请特别注意，三浪 5 目标压到 5 000 点以下的理由。

首先，鉴于第一浪快牛涨幅（5 178−1 849=3 329）太大，其后的持续暴跌险些引发系统性金融风险。所以，考虑到走慢牛更合国情。此外，第三浪运行至 2020 年年底，已留下多个向上跳空缺口，也符合第三浪的井喷特征，长阳巨量缺口。

其次，考虑到主力资金与市场、政策的博弈，以及反大众心理和反技术分析，三浪 3 运行至 5 000 点关前收官为宜。股市就是这样，市场认为肯定会发生的事情，就一定不会发生。

否则，如果市场都按第三浪理论涨幅打提前量，在 5 000 点—5 500 点套现离场，主力资金赚谁的钱呢？主力资金总是走在市场前面，要么远低于市场预期，要么远高于市场预期。考虑到政策调控的容忍度以及历史经验教训，主力资金，至少国内机构主力会在 5 000 点关口前大举离场。

再考虑北上资金和国际资本套利盘。我在本章第一节周期共振高点时间窗口分析时指出，三浪 3 结束的时间早则在 2022 年夏，晚则在 2023 年 2 月。如果在这个时间段出现 5 178 点甚至 6 124 点，当然符合国际资本套利盘的利益。因为 2023 年是美联储停止零利率及美元指数强势反弹启动的时间窗口，这是金融战争的时间窗口。国际资本套利盘希望把 6 124 点、5 178 点的井喷暴跌再复制一下。综上，把突破 5 178 点和 6 124 点的任务留给三浪 5，这是个利大于弊的现实选择。

由此可见，牛市目标能不能实现，想象是一回事，实现是另一回事，其中的关键因素是这个目标是否合理、是否能实现各方利益的平衡。如果把三浪 5 突破 6 124 点的时间放在 2027 年周期共振高点的时间窗口，7 年涨 3 000 点，平均 1 年涨 400 点。这个慢牛的时间表是没有问题的，还可以大大弱化金融战的冲击。金融战的目标是暴涨暴跌轮回，涨得越快跌得越狠越好，既剪中国的羊毛，又使 A 股继续处于长期熊市。现在底部就是 3 000 点，5 年线在 3 000 点。到 2027 年底部可以抬高到 4 500 点，5 年线的位置也对应上去了，突破 6 124

点后再回探 5 000 点，20% 的下跌幅度，没有太大杀伤力。上证指数的年线图显示，5 年线的位置，在牛市中拥有强大支撑力，不可能被长时间跌破。

二、成功预测历史上大顶大底的启示

1. 1 025 点世纪之底的准确预测与 3 458 点井喷的风险提示异曲同工。

2020 年 7 月，3 458 点井喷爆发，作为国内较早预测这一走势的人，我为什么 7 月 7 日、8 日、9 日连续三天在新浪微博预警？这主要依靠政府思维。井喷的第一个反应不符合慢牛的要求，必然引来政策调控。果然，7 月 7 日，在《中国证券报》呼吁理性投资后，7 月 8 日收盘后，证监会官网公布了 200 多家非法配资企业名单，并表示打击非法配资常态化，并且对涉嫌犯罪的追究刑事责任。7 月 9 日，全国社保基金宣布减持不超过 8.8 亿股中国人保 A 股，国家大基金宣布减持 1% 汇顶科技。政策利空组合拳（尤其终结 5 178 点、3 288 点的严查场外配资）结合振荡市天量天价规则，7 月 7 日沪市阶段天量 7 936 亿元已现，临近 3 500 点强阻力，同时考虑主力思维已完成突破上年 3 288 高点目标，以及 2020 年 7 月井喷已完成 2 646 点到 3 456 点的升幅，并与 2019 年井喷 2 440 点到 3 288 点升幅相当，7 月 10 日宣布调整开始。7 月 11 日 3 458 点，为 2020 年前 11 个月最高点，由此开始长达半年的振荡调整。

振荡市的预测难度最大。首先，2020 年 7—11 月没有出现多周期的共振拐点，不得不用单一周期拐点，比如与 2020 年拐点基本相符的 7 年周期对 8 月 16 日附近高点，9 月 27 日附近低点提示，分别对应下半年次高点 3 456 点，下半年最低点 3 202 点。

振荡市以量价关系预测最简单，3 458 点可以用振荡市中单边市的次天量天价预测。市场拐点级别，包括历史大顶大底、两年以上的大顶大底、一年以上的重要顶重要底、半年阶段顶阶段底、一两个月的短中期顶部底部。

周期可以预测拐点出现的时间，但如何预测拐点级别？其一，83 月周期可以包括全部两年以上的大顶大底，所以按照本章第一节列举 83 月周期的两条线及对未来几年 83 月周期时间之窗，找出其他 8 条线及对应未来 83 月周期时间之窗，作为大顶大底预测方法之一。其二，多周期的共振拐点，本章第一节对 2021—2032 年的共振拐点基本已经标出。其三，周期的共振拐点级别至少是阶段拐点，和周期原来的拐点级别有关，但是又受到其他因素干扰。

比如，5 178 点行情启动前的 2014 年 7 月的 2 033 点，是历史大底（但并非当年低点），对应 20 年周期绝对历史大底 325 点。2019 年，3 288 点井喷后的低点不在 5 月而在 8 月，因为 25 年周期低点在 7 月，干扰 20 年周期低点在 5 月形成，而按照 25 年周期，2020 年 5 月应该出现一个年内最高点，结果无高点。也许受 7 年周期、10 年周期年内低点在 6 月底 7 月初干扰，高点滞后到 7 月，这类似于 2013 年 7 月周期井喷年受 20 年周期干扰推后一年至 2014 年，但也许更重要的是没有成交量放大配合。

主力的手法、行情的性质，可以通过形态表现，包括底部形态、上升中继形态、喇叭形态、振荡市中的单边市形态，以及小形态服从大形态。本章第六节中主要介绍形态，利用相似形态的比较，预测所研究形态的类型及突破方向。而这里强调的是，形态对周期的制约。大底部平台形态可以化解周期的大底，最典型的是：1993 年持续暴跌；1994 年的大 V 形反转；2002—2004 年 1 300 点三年平台，让 10 年周期失效；2012—2014 年 2 000 点三年平台，几乎让 20 年周期失效。当然，如果 2023—2024 年也如此，就会让 30 年周期失效，这将消除本轮牛市第四浪的一大隐患。

最早体现我的政府思维与主力思维的成功预测是，1997 年 10 月对 1 025 点世纪之底的准确预测。

1 025 点预测成功的关键，是把散户思维转变为政府思维、主力思维。20 世纪 90 年代有个口号："稳中有涨，涨幅有限。"故市场有"政策顶，政策底"之说。1996 年 12 月涨跌停板制度推出，上证指数连续三个跌停，1 250 点跌到 850 点，官方组织 850 点救市，850 点—1 510 点不炒垃圾股改炒绩优股，全国人民炒发展（深圳发展银行 000001，现改名平安银行），炒到将近 50 元，炒长虹（四川长虹 600839），炒到了 70 元。

结果这两只股都见了历史大顶，发展到 6 124 点才勉强解套，长虹恐怕永远也解不了套了。1997 年 5 月新股大扩容再次降温，1 510 点砸到 1 025 点，下跌了 30%。我们知道主力市场做空是为拿筹码，备战将来牛市。

我判断，既然 1993 年有 777 点救市，1996 年有 850 点救市，那么，随着政策顶从 1996 年 12 月 1 250 点提高到 1997 年 1 510 点，政策底也应对应提高到 1 000 点大关。而且从黄金分割位来讲，500 点到 1 500 点牛市回调的 50%，恰好是 1 000 点大关。

1997 年 10 月，我在《大江南证券》发表《1 025 点悄然逝去的世纪之底》经受了历史的考验，并被《大江南证券》主编沙毛农称为“多头三剑客”之首。我的预测经受住了跨世纪的考验——1998 年、1999 年两次回调，分别为 1 043 点、1 047 点，2005 年为 998 点。

直到今天，我在预测市场波动空间时还要参考政策容忍度。2019—2020 年，700 点至 800 点，2 440 点至 3 200 点，2 646 点至 3 400 点。如果 2021、2022、2023 年底部提高到 3 300 点、3 600 点、3 900 点，那么高点可见 4 000 点、4 300 点、4 700 点。

2. 成功预测 1 664 点大底、5 178 点大顶，要看神奇数字实战应用。

在用周期判断拐点时间的同时，现货的量价水平与期指的持仓水平是判断拐点级别的重要参数。

2008 年 11 月 7 日，我在和讯网《第一观察》发表了《1 664：神秘的做多信号》，准确预测了 1 664 点底部。

站在今天研判 1 664 点大底，这可以涉及上证指数实战预测系统中的多项指标，比如周期共振点（83 月周期拐点与 15 年周期低点共振）、量价关系（次地量见地价）、美元指数（2008 年 10 月美元指数高点 88 点反向对称）。

2015 年 6 月 10 日，我在和讯网首页《老荣论市》栏目预警《逢高减仓规避暴跌风险》，6 月 12 日见 5 178 点后持续暴跌开始。5 178 点预测成功的关键，主要基于量价关系、政策调控。6 月 8 日天量 13 990 亿次为 6 124 点的 2 200 亿次天量的 6 倍，而当时查场外配资影响资金入市，导致天量不能再续，甚至会萎缩。当时，我还发现 6 月在 83 月周期时间之窗内，是有可能出现大顶大底的。6 月 10 日，我发出警告，6 月 12 日见 5 178 点大顶。

3. 成功预测 2 440 点世纪大底。

笔者提前预测 2019 年 1 月初 2 400 点附近很可能构成大底，甚至历史大底。基于上证指数历史上无有效击穿 20 年线（注：2019 年在 2 423 点）之先例，以及 20 年周期与 7 年周期共振低点。2019 年 5 月 19 日在中美贸易争端升级，市场跳空大跌充满一片恐慌时，我公开宣布：2 440 点，悄然逝去的世纪之底。2 449 点到 2 440 点，出现的时间空间量能与消息完美配合，不仅符合大底形成的基本条件共振，而且符合股市超长期规律，这个规律是不以人的意志为转移的。

第三章　炒股功夫在股外

在 A 股市场，靠炒股票赚钱难到什么程度？可以说是难于上青天。炒指数总会给你机会，一年至少会有一次中级反弹，这叫吃饭行情。运气好，是肯定有钱赚的。但股票呢，现在已经有 4 000 多只了，早就告别了齐涨齐跌的全面牛市。所谓结构性牛市，就是少部分股票涨，大部分股票不涨，甚至下跌。

1997 年，我去万国测评当证券分析师，我的师姐提醒我：小心庄家“洗澡”。“洗澡”就是把这个股票的价格压住，没完没了地洗盘，直到把股票洗得白白胖胖的，把散户全部洗走，再拉升。“洗澡”时间少则几个月，多则几年。如今 4 000 多只股票，每天至少 2 000 多只“洗澡”，还有不少天天往下走，跌得更惨。股票往下跌，庄家如何赚钱呢？

一个操盘手告诉我，股票下跌，庄家只要不丢掉他手里的筹码，且筹码还会增加的话，他就可以赚钱了。比如，庄家手里有 5 元的股票 1 000 万股，砸到了 1 元然后筹码增加了 1 倍，变成 2 000 万股了，成本降到 3 元。他只要拉到 3 元，就不赔钱，拉到 4 元就赚钱。庄家走了，散户还在 5 元被套。

现在的问题是，如果炒股难于上青天，散户如何战胜庄家。

宋朝大诗人陆游说："工夫在诗外。"炒股功夫也在股外。尤其是 A 股这种非典型股市，功夫更要在股外。既然基本面分析、技术面分析都不行，那么不管三七二十一，乱拳打死老师傅就行。反正不管黑猫白猫，抓住老鼠就是好猫。本章介绍的炒股绝招与思维方式，看上去都是与股市无关的东西，但是赚钱就是硬道理。你只要真正掌握其中任何一招，就可以让自己躺着赚钱，立于不败之地。

不知道以何价买卖股票？南方麻将的规矩是，没有 2、5、8 不和。这就明明白白地告诉你，不见 2、5、8 不买，见不到 2、5、8 就卖。不知道何时逃顶抄底？普陀山和尚告诉你两字真经：舍得。大家抢你要舍，大家抛你要得。不知道股市这个赌场为什么总是赔钱？赌神告诉你反主流思维，博大概率事件防极小概率事件，才能立于不败之地。不知道为什么傻瓜才能在股市赚大钱？炒股本来非常简单。正因为股市里聪明人太多了，所以聪明反被聪明误。不知道为什么整天盯盘却总追高卖低总是赔？上班族告诉你为什么不看盘才能低买高卖总是赢。

孙悟空七十二变，逃不过唐僧的紧箍咒。庄家千变万化，我有一定之规。本章独家奉献的绝招，其中任何一招都可以让你立于股市不败之地。这些绝招来源于生活中的真理，易学易用，只需要花一点儿时间，人人都可以掌握。躺着挣钱，挣无风险的钱。

第一节　普陀山和尚的炒股真经

寺院的和尚成为炒股高手，对于许多人而言都是新鲜事。对于我这个老记者，它已经是陈年往事了。1997 年，我去普陀山采访寺院使用电脑财务软件的情况，无意之中得知，普陀山和尚每月都请上海的专业人士介绍一次股市近况。

需要注意的是，和尚们最关心的不是政策利好利空、经济数据变化、技术指标强弱，而是股市人气，成交多寡。他们以人气作为唯一的波段买卖指标。

当熊市人气低迷，满屏股票价格都是绿油油的，成交稀少，营业部大厅空空荡荡，无人问津的时候，和尚就本着慈悲的心态，挺身而出，收集那些可怜的没人要的好股。等到牛市一来，股票大家抢，满屏股票价格都是红彤彤的，成交量巨大，营业部大厅排队开户，人气高涨时，和尚却见好就收，本着好东西要与大家分享的原则，把手中的股票全部拿出来卖掉。如此低买高卖波段操作，岂有不赚钱的道理？

问题是普通人即便知道和尚这个低买高卖的道理，也不会像和尚这么做。人性就是恐惧和贪婪的轮回。牛市放大贪婪。

牛市一开始，新股民赚钱超过老股民，只因初生牛犊不怕虎，敢于追高，殊不知，赢在追高输也在追高，不断追涨，是想卖得更高、最高，结果却来回坐电梯，赚不到钱，最后只好割肉出局。熊市放大恐惧，持仓的杀跌，空仓的不敢买，他们都怕跌得更低，结果最终失去抄底机会。尤其是老股民胆子小，牛市太疯狂不敢买，却输在牛市结束时抢反弹抄底，殊不知，抄底抄在地板上。可地板下面有地窖，地窖下面有地狱，地狱还有 18 层。总之一句话，越想赚钱越赚不了钱，人性使然。和尚只想做善事不想赚钱，结果反而赚了钱。反人性使然。

普陀山和尚的炒股真经是两个字：舍得。牛市舍熊市得，舍得吃小亏才能占大便宜。只想帮助别人，不想赚钱反而能赚钱。

舍得，包括有所舍才能有所得。有些火中取栗的题材股，短线暴富机会是不能去赚的。怎么上去的怎么下来，没有免费的午餐。学学巴菲特，只做熟悉的，不熟悉的不做。熊市一年只做一次，平时空仓。一段行情内，不吃鱼头鱼尾，只吃鱼身。留得青山在不怕没柴烧。可是许多散户都输在不论牛熊，永远满仓，而且是套牢导致的长线投资，永远满仓。不想失去机会的结果可能是永远失去机会。牛市来了，你还是不赚钱，因为热点轮回，资金有限。

为什么越想赚钱越不赚钱，不想赚钱才能赚到钱？关键在于做股票先做人，认识人性的最大弱点——贪婪和恐惧，先战胜人性，战胜自己，才能战胜市场。就像在赌场中，赚了钱能收手，才能成为最终的赢家。巴菲特曾说，别人贪婪的时候恐惧，别人恐惧的时候贪婪。为什么人人皆知人人做不到？反人性。贪婪和恐惧是动物的本能。人之所以贪婪和恐惧，是因为没有脱离动物的本能。你只有用理性战胜这种本能，才能战胜大资金制造的贪婪和恐惧陷阱，在股市中立于不败之地。炒股，确实有很多人不适合。

要想像和尚那样炒股，在股市中立于不败之地，你不一定非要出家当和尚，断掉红尘的七情六欲。其关键是学和尚的心态。

灵性观认为世界是一元的，无所谓好坏，好坏是不可分的，没有绝对的坏也没有绝对的好。这个观点很重要，既然一切都会发生，一切就都是正常的，一切都可以接受。这就是和尚的心态。这里讲一个和尚的故事。一位未婚女子生下了一个婴儿，不知父亲是谁。女子的母亲把责任归于附近庙里的一位和尚，说："你的孩子，你带吧。"和尚就把孩子收下抚养。过了几年。这位女子终于把真相告诉了母亲，说这孩子不是那个和尚的。母亲又去庙里把孩子抱走了。和尚还是一言不发，与当初收下孩子时一样。换作别人，恐怕早就闹得天翻地覆了，和尚却平静地接受了这一切，就当什么事都没发生过。我们谁能有这种功力呢？如果我们有这种功力，那么我们在股票市场上就什么都不怕了，绝对是股市的赢家。要想成为股市赢家，具有赢家的心理素质是最重要的。你若只有输家的心理素质，就只会不断地输下去，就会一次次错过赢的机会。

和尚的反人性炒股，与巴菲特的反人性策略——别人贪婪我恐惧，别人恐惧我贪婪——不谋而合，反映的都是风险厌恶。下面我们把二者策略结合，专为风险厌恶族打造一款投资组合。

巴菲特留下的遗嘱是，除了 10% 买入美国短期国债，其余的全部买入标准普尔 500 指数信托。巴菲特长期看好美国经济，长期看好美国股指。当然，我们长期看好中国经济，也应长期看好中国股指。

退休人员风险承受能力低，本来不适合炒股。但是，未来 10 年上证指数牛市有很大确定性。这里推荐的沪深 300 指数，与上证指数关联度达 95%，而且走势强于上证指数。我们既可以在上证指数 3 500 点以下重仓沪深 300 指数基金长线投资，又可以每年投少量资金对此基金做定投。你如果非要把钱存银行才放心，那么我对厌恶风险的人的忠告是，在低利率时代，把钱存银行真不如买银行股，截至 2020 年 9 月现价买入五大行，每年分红约 5%，已超三年定存及国债利息，还可以在牛市中获取股价上涨收益，即使仅上涨至 2018 年 3 578 点时对应的蓝筹股高点，你也可以获得 30% 收益。建议首选五大行中 2022 年起有社保基金持股减持可能的，如果是获得券商牌照的更好。基于风险厌恶的需求，根据第二章第一节的预测，风险能力低的投资者，最好在 2022 年 5 月之前，参考上证指数 4 300 点，风险承受能力略高的投资者最晚在 2023 年 1 月卖出，参考上证指数 4 500 点。2023 年 2 月之后的调整可能让人失眠。

2007 年，当时的和讯首席分析师文国庆对我说：这几年买房子和买股票的人与不买房子不买股票的人，已经形成了巨大的财富差距。我现在要说的是，未来 10 年内，买股票的人和不买股票的人将形成巨大的财富差距。上证指数 2027—2032 年很可能站上 6 000 点甚至 8 000 点。以此推算，即使是只购买指数基金的人与不买股票的人相比，在未来 10 年的财富也将出现至少 2 倍的差距。买证券 ETF 的人和不买股票的人相比，大概将出现至少 4 倍的差距。购买证券龙头股或者科技龙头股的人和不买股票的人相比，可能出现 10 倍以上的财富差距。大牛市里的指数基金，从长线而言是基本没有风险的。更何况对于 A 股这种有 4 000 多只股票的市场来说，能够跑赢指数的股票型基金和投资者毕竟是少数。当然，不管买股票还是买指数基金，最好是在市场调整的时候进入，而不是在市场高点进入。

你只需要参照前面第二章介绍的大顶大底，以及阶段顶部和底部的判断方法，结合本节的和尚心态操作即可。后面还有九招可以供我们挑选，相信总有一招适合你。

第二节　押大押小，押出赌神和股神

2006 年，我去“新马泰”旅游，最难忘的是马来西亚年轻男导游给我讲的一段惊心动魄的经历，这名导游曾经在著名的云顶赌场创下了玩押大押小三年不败的神话。

众所周知，赌场庄家每一次出大出小的概率是随机、不确定的，赌客能否押中只能凭运气。但时间长了，出大出小的概率总体上会趋于各占 50%，那么这位“赌神”的奇迹是怎么创造的？其实，这位导游赢的方法很简单——博大概率事件，防小概率事件。下手前，他先在赌场到处转，专门去找连续出现 5 个以上大（或者小）的赌桌，此时在连出 5 个大后，大概率是出小，小概率事件是继续出大。要博大概率事件自然是押小。然后，他开始押小（或者押大）。如果输了，他下一次继续押小（或者押大），而且押上的筹码比第一次加倍；如果再输了，他再继续押小（或者押大），筹码继续加倍，总之他准备了连续押 7 次加倍的筹码，以博连续出大（小）以后，必出小（大）的大概率事件，而且他只要赢一次，就可以把自己前面输的筹码都赢回来。用此方法，他留下了三年不败的神话。

然而，谁都没有想到的是，百战百胜的赌神居然也有败走麦城的一天，而且仅一战就被彻底打垮，不仅输掉了带去的全部本金，而且从此金盆洗手再也不赌了。原来，他碰上了极小概率事件。他押大却赶上了连续出 19 个小的局——史上从未有过的情况（当然，云顶赌场以后又出了 21 个大）。从上面可知，他的资金，按照他不败的方法，筹码加倍，只够应付连续出 12 个小（5+7）的小概率事件。三年不败的赌神被黑天鹅事件消灭了。

那位导游的经历对我的启发是，如何在股市立于不败之地。首先是抓大概率事件，防极小概率事件。用我当工人时的师傅送给我的一句话来说，就是“尽最大的努力，从最坏的结果去考虑”。

我的建议是，大概率事件是上市两三月的优质次新股多数会走第三浪主升浪，极小概率事件是第二浪调整的时间空间超预期，结果重仓被套。要防止最坏的结果发生需要注意以下几点：

首先，精选标的。最好从两个交易所的交易公开信息及东方财富网个股股吧龙虎榜栏，选机构和游资同时介入的优质次新股，注意机构重仓买入或持续买入是主升浪的保证。但是，在以大为美的今天，小盘小市值次新股原则上不买，优先选择大盘大市值行业龙头，而且最好选散户不看好的高价股票，便于主力吸筹拉升。2019 年春节上市的、散户看好的几只中小盘优质次新股都表现不好。2020 年 2 月上市的一只知名电器股，机构在上市初大举买入，散户也看好，结果一直横盘到 10 月才开始上涨。

其次，考虑第二浪调整时间的残酷性。注意弱势炒次新股的传统，只在指数调整期买，且买符合当时市场热点的次新股。

再次，考虑到第二浪调整空间的残酷性，最好在上市最高价腰斩时才开始买入，不跌不买，一跌就买，越跌越买，越买越多。同样，准备连续买 7 次加倍的资金，确保底仓成本一定比主力机构成本还要低，等候迎来第三浪主升浪的丰厚利润。

做次新龙头股第三浪切忌满仓，有效突破第一浪高点即上市后最高点前最多持 1/3 至半仓。只有在有效突破（回踩时站在）第一浪高点，你才重仓（最多 2/3 仓），防范假突破诱多。

以上总结的最大的经验教训是什么？只要你手中有足够多可调动的钱，按照博大概率防极小概率的法则，你就可以永远立于不败之地。在战场上，就是留足够多预备队。二战时的苏德战场，决定战役最终胜负的关键因素是统帅部手中还能不能调出预备队。无论是莫斯科保卫战，还是列宁格勒战役，德军最后功亏一篑的原因就是德军统帅部调不出预备队，而苏军预备队一到，就全线反攻，反败为胜。

股市从来都是战场。人称“宁波涨停板敢死队”总舵主的“私募一哥”徐翔，从几万元入市，赚下了亿万身家，管理 100 亿元资金，成为中国最大的私募之一。他最欣赏林彪打仗时常说的一句话，总预备队不动。相反，很多满仓加杠杆的大户在 5 178 点股灾爆仓。

那位导游押大（小）追求的是大概率防范小概率。上班族是大小通吃、涨跌通吃，追求全概率，即永不满仓的 T+0；基金经理是永远满仓的中长线选股。前者指第四节提到的上海上班族的策略永远半仓半币，低买高卖操作。后者指 2018 年股票型基金冠军、一个永远满仓的投资人的选股技巧。他就两句话，只满仓两类股票：一是已经大涨，还可能继续大涨的股票；二是已经大跌，即将反转向上的股票。

第三节　打麻将打成股市庄家

2、5、8可以解释金融市场的一切，无论A股、美股，还是美元、黄金。

20多年前，上海一个股评家来北京做报告，提到了打麻将与买股票的关系。南方的麻将，没有2、5、8不能和。受此启发，他从中发现了2、5、8在股票价格中的关键作用。

具体来讲，1只股，如果2守住了，下一个大阻力就是5；如果5守住了，下一个大阻力就是8。这中间3.5、6.5都只是弱阻力。以此类推，20、50、80、200、500、800……12、15、18……

在具体买卖中，以收盘价为准，只要2、5、8关口守住了，你就可以买入或者继续持有；一旦失守，就立刻卖出，这样损失不了多少。如果不卖，一旦跌到下一个支撑位，损失就大了。反之，如果失守后又重新夺回，那就再买回来。

以一只次新证券股为例，2020年上市后，从6.53元连续涨停至25元后，主要在20元至25元整理4个月（操作原则，第一买点22元，第二买点20元，冲高收盘不上25元即卖），其间一度跌至17.8元，连续7天收盘价20元以下。操作原则，收盘破20元，即卖；第8天重上20元，即买。此外，因为收盘价始终不破18元，可以认为跌破20元为空头陷阱。操作原则，18元上方适当买入。注意20元关口支撑压力，25元关口神奇压力，7月初涨停突破25元（操作原则，收盘上25元加重仓，按上节建议在大盘主升时，做次新证券股主升）。第三浪主升浪 8 个交易日冲到 40 元，最高收盘价 38.67 元，在收盘价 35 元以上停了 4 天失守。操作原则，35 元为 20—50 元中间弱阻力，失守理论上可见 20 元，收盘价失守必须止盈止损，其后反抽 35 元失败，一直跌到 25 元才止跌，两次反抽 28 元失败。最后跌到 11 月 21.91 元，完成调整。

上面案例中，2、5、8 帮助你获利最大，损失最小。

这与股市庄家有什么关系？很多庄家也是按 2、5、8 操盘的。比如，200 对高价股很重要，50 元、80 元对中价股很重要，当上涨靠近这 3 个价位后，首先要卖出。

如果延伸到指数，你就会发现上证指数 5 178 点行情启动前，在 2 000 点底部平台（1 849 到 2 449 点）整理 3 年，启动后第一目标在 3 000 点到 3 400 点建两个多月平台（3 500 点弱阻力），突破 3 500 点直奔 5 178 点，5 000 点区域见大顶后，最终回到 2 440 点才止跌，完成对 2 000 点底部平台关口突破后的回抽确认，2020 年 7 月井喷 3 458 点顶（还是受制于 3 500 点弱阻力），一旦突破 3 500 点，就会上 5 000 点。

何时突破 3 500 点？ A 股主力在等什么？主力在下一盘大棋。

井喷启动点是暴利点。井喷启动点与大底、重要底不同，未必是多周期共振低点，甚至未必是阶段低点。比如，2014 年 7 月是 5 178 点行情井喷启动点，2020 年 7 月是 3 458 点行情井喷启动点，前者只对应一个周期（20 年周期 325 点），后者只对应两个周期（7 年周期 1 849 点，10 年周期 2 319 点）低点，而且井喷启动点都不是年内最低点，甚至是最高点。

只要从周期角度来讲是拐点即可，它不一定是相对于过去是低点，只要是相对于未来的绝对低点就可以，因此，第二章第一节预测 2020 年 12 月或 2021 年 1 月井喷启动点，时间可以提前（美国大选与蚂蚁集团上市两大不确定隐患排除），空间也可以提高，不是像我们原来预想的 3 100 点、3 200 点，有可能是在 3 350 点。因为周期拐点受制于形态，11 月底开始起码处于多周期平衡偏强。从技术上以及历史的走势来讲，不能完全排除这种可能。

其次形态，在上证指数的历史上，4 个月的上升平台史无前例，而且始终获得 5 月线支撑，长期趋势是强势。从技术上来讲，7 月 3 000 点到 3 458 点的这个井喷段黄金分割位 0.5 是回探，但是 2 646 点到 3 458 点的 0.5 黄金分割位没有回探，若 3 000 点大关突破没有回探，再考虑补不补缺口的问题，尤其是 7 月初井喷的两个上升缺口始终不补，11 月又出现两个上升缺口，符合三浪 3 主升浪特点，长阳、巨量、缺口。

形态控制得很好，让我想起了长征“四渡赤水”。3 458 点到 3 200 点，向上差几个点就是不过去；向下前两次稍微破一点点，后两次就不破了，但是最后告诉你主力逗你玩呢。三浪 3 将呈现阶段井喷 + 平台整理的攻击模式，既满足三浪 3 上涨的速度形态，又拉出了上升的空间，更符合慢牛的要求，主力应该是这样一个策略。

我们说主力在下一盘大棋，这盘棋究竟有多大呢？首先7月以来形成的平台，在上升中继平台的历史上从来没有过，我们还要注意它是更大的形态，实际上是一个5年的头肩底底部平台的形态，这个底部平台的顶是2018年10月2 449点和2019年1月2 440点，左肩是2016年1月2 638点和2月2 638点，右肩是2020年2月2 685点和3月2 646点，非常对称。与之相似，在1 000点做了一个3年的底部平台，然后在1 300点做了一个3年底部平台，2012年到2014年也是在2 000点做了一个3年底部平台。中国股市有句老话叫“横起来多长，竖起来多高”，前面3个3年底部平台，涨起来都是大牛市，最少的涨了1倍多，最多的涨了5倍，这次牛市如果涨1倍就能突破6 124点，如果涨2倍，那就达到10 000点，大概需要10年左右的时间。

这么大的一盘棋，谁来当牛市龙头呢？首选大市值次新股；次选证券，历次牛市证券板块远远跑赢大盘，最后选高科技股。兼有以上特点的是双料龙头——中金公司。

中金公司是第一个上市首日没有封死涨停板的证券股，显然，国联证券、中信建投在中金公司上市日跌停的走势，降低了二级市场收集中金公司筹码的成本，从当日龙虎榜看，一家机构买入2.9亿元，同时有热门游资介入，恰好符合本章第二节做次新主升浪选股第一条件（选机构和游资同时介入的优质次新股）。稍微研究一下中金公司的行业地位，与现有的证券龙头中信建投、中信证券比较一下，我们就可以发现，中金公司上市首日总市值 1 600 亿，只有中信建投和中信证券大约一半的市值，而前三季度的业绩却相同，而且其作为次新股，流通盘小，杠杆率高。中金公司 48 亿元的总股本，上市只有 2.4 亿元，总市值与流通市值比达 20 倍杠杆，自然被主力控盘炒作的可能性更大。

第四节　上班族战胜市场的“地雷”“炸弹”

同样是 20 多年前，我在报纸上看到了上海的上班族上班不能看盘，炒股却百战百胜的新闻。

每天上班不看盘，只能下班看盘。但是，他在第二天开盘以前，同时挂好了买单和卖单。买单在地下，所以叫“地雷”；卖单在天上，所以叫“炸弹”。地雷价参考近几日最低价，炸弹价参考近几日最高价，报价可以兼顾上一节所介绍的 2、5、8。

提示，弱震荡市，地雷埋在当日最低价下方的 2、5、8 关口上，炸弹埋在低于当日最高价的2、5、8关口下。强震荡市，地雷埋在高于近几日最低价上方的 2、5、8 关口上，炸弹埋在高于近几日最高价的 2、5、8 关口上。上升市短线也可挂更高价或不卖，等下一个 2、5、8 关口。

只要地雷、炸弹一爆炸，你就赚钱。不爆炸，你也没有损失，第二天继续埋地雷、炸弹。顺便说一下。地雷—炸弹法有两个好处：首先，不影响上班。不会被盘中分时走势牵着鼻子走，不会由于贪婪和恐惧失去低买高卖的机会；其次，利润大，成本小。掌握这套方法，就不影响上班族炒股。

以 2020 年 11 月一个证券小龙头为例，11 月 9 日 51.36—57.11 元，收涨停 57.11 元。11 月 10 日 58.5—62.82 元，收 60.11 元。问题是 11 月 11 日如何挂单。由于大盘及该股处于冲高回落，震荡市次日可能创新低，故买卖价均稍低于 11 月 10 日，11 月 11 日上班前买入价挂 58 元（埋在低于当日最低价 58.5 元的 2、5、8 关口 58 上），卖出价 60.8 元（炸弹埋在低于当日最高价 62.82 元的 2、5、8 关口下，也是当日波动中间价），9 月 25 日 55.16—61.19 元地雷炸弹全响，当日做 4% 差价。

注意，其一，此买卖价，买价属地雷，低于当日最低，但卖价不是炸弹，只算中间价。因为你不是为了利润最大化，而是为了实现当日成交，实现 T+1 下的 T+0，以降低持股成本。

所谓 T+1 下的 T+0，是针对当前交易制度缺陷，应对市场不确定风险的最好策略。

T+1 是 A 股现行的交易制度。所谓 T，代表任一交易日，T+1 的含义是你任一交易日 T 买入，必须等下一个交易日才可以卖出，但是任一交易日卖出后当日即可买入。比起 T +0 的任一交易日皆可自由买卖，T+1 限制当日买入者卖出，不限制当日卖出者买入，显然鼓励卖出却压制买入。T+1 不仅造成买入与卖出的不公平交易地位，而且加大了大资金与小资金的不公平。T+1 对于大资金来说无所谓，涨有股跌有钱，却让喜欢满仓的散户常面对买入即套牢，又无法当日止损的风险。而散户为规避持仓风险持币观望，又有踏空行情的风险。

牛市震荡期，大资金喜欢用震荡市中的单边市捉弄散户，今天单边上涨市收最高诱多，明天单边下跌市收最低诱空。让前一天受制于 T+1 不敢买，最后不得不买的散户，第二天不得不割肉吐出来，乃至当天来个地天板或天地板轮回。

散户如果改为半仓半币，实行 T+1 下的 T+0，就不但不怕大资金的陷阱，还可以让陷阱为己所用。我深埋的买单地雷，也许正等收盘前的最低价才买入呢；我高悬的卖单炸弹，也许正等收盘前的最高价才卖出呢。这真得谢谢主力制造多空陷阱轮回，主力好辛苦。

T+1 下的 T+0 策略充分发挥了散户资金小、操作灵活的优势，如果此策略、地雷炸弹策略和 2、5、8 策略结合，不但可以规避日常波动对短线盯盘交易带来的市场风险，而且可以天天赚钱，并实现短期利润最大化。

第五节　不求最好，但求最贵——“傻瓜”的快乐炒股

“不求最好，但求最贵。”这是电影《大腕》里的大腕谈买房的一句台词。当时看电影时我是当笑话看的，现在却发现，这句傻话才是股市真理。当然，真理是相对的，并不是说越贵

越好。

2020 年 9 月，A 股最贵的股票贵州茅台 1 800 多元一股，买一手，18 万元人民币，很多散户买不起。全世界最贵的股票伯克希尔－哈撒韦 31 万美元一股，买一手，2 亿元人民币，大户也没几人能买得起。

另外，我所说的“傻瓜”的快乐炒股，其实是指大智若愚。炒股需要大智慧。有大智慧的人因超出常人而不被理解，其言语行为被人看作愚钝的。正因为股市里赚钱的人是少数，所以其行为超出常人不被理解，甚至被人看作愚钝的行为，但这样才有可能赚钱甚至赚大钱。

傻瓜炒股与常人炒股最大的不同就是，不求最好，但求最贵。这里的大智若愚在于，最贵的恰恰就是最好的。A 股 4 000 只股票，挨个扫一遍名字代码都得一小时，那些自认为聪明的人又怎么会沙里淘金选好股呢？ 傻瓜根本不用选，千百家机构早用人民币投票，替他选好了——最贵的恰恰就是最好的。

白酒板块茅台 1 800 元一股最贵，让你赚得最多。2001 年上市，最低 20.7 元；2020 年最高 1 998 元，上涨近百倍。

医药板块长春高新最贵。1996 年上市，上市最低 2.7 元，2020 年最高，683 元，不算分红送股，上涨 250 多倍。

芯片板块卓胜微最贵，从 42 元到 718 元，两年涨 16 倍。

证券板块中信建投曾长期最贵，从 5.56 元到 60 元，两年涨 9 倍。

银行板块招商银行最贵，保险板块中国平安最贵，新能源车板块宁德时代最贵。我不是在这里推荐这些股票，而是告诉你，选好股票的最简单的方法就是买最贵的。它们让你赚得最多。最好的股票，市场已经替你做了选择——最贵。

最贵的股票是最好的，最简单的理由是最贵的股票散户不敢买或买不起。最贵的股票是可以涨到天上去的。便宜的股票即使是好股，也涨不起来，大资金拿不到筹码。再说几万甚至几十万散户在里面，大资金抬不动也不想抬，就算赶上风口浪尖上去了，它们也会摔下来。

当然，最贵的股票不是什么时候都能买。为了控制风险，我们最好耐心等待，等待最贵的股票出现相对便宜的价格时再买入。比如，买入茅台股，2015 年暴跌到 500 元；2020 年 7 月 16 日大跌到 1 600 元以下；2020 年 9 月 17 日跳空下跌，再次跌破 1 600 元，这类情况下可以尝试买入。

通过前面 2、5、8 的分析，我们可以知道，茅台 1 800 元附近的 M 头，1 580—1 800 元震荡，实质上是 2 000 元关口（2）的压力，正因为在 200 元（2）关口盘整 14 年，才有 5 年从 200 元冲至 2 000 元的井喷。当然，傻瓜可以不在乎价格，什么时候都可以买。反正即使在最贵的价格买最贵的股票，中长线也不会被套牢，最贵的股票是可以穿越牛市熊市的大牛股。

需要说明的是，最贵的股票现在更多的是指市值最贵而非股价最贵。苹果被称为全球最贵股，因为市值达到 20 000 亿美元，而股价最高的伯克希尔–哈撒韦目前只有 5 000 亿美元。包括苹果在内的五大科技股市值最高占标准普尔指数市值的 1/5。这为我们指明了未来的大牛股方向，那就是可以改变人类生活、有巨大业绩增长空间的科技龙头股。如果加上市值不太高，盘子适当，那当然更好了。

价格可以最贵，但不要市值最贵，因为市值贵，通常高股价且股本巨大，拉升股价耗费资金大，又不能通过送股转增股本进行股本扩张，降低股价。

不是所有最贵的股票都可以买，尤其是不要随便买新股，最好买穿越牛市熊市的大牛股、久经考验的股票。谁是下一个茅台？ 谁是下一个苹果？ 谁是下一个特斯拉？

学傻瓜的快乐炒股。傻瓜永远是快乐的，不论涨跌都快乐，甚至买了股票都不知道卖。因为他买的是最贵的，也是最好的股票，所以才能获得长线大牛股丰厚的收益。

注册制的执行会使这种马太效应愈演愈烈。许多股民买股如买菜，老想捡便宜的低价股，这种心态现在可要不得。许多便宜的股票未来会成为跌破 1 元面值的仙股而退市，没有最低只有更低。你以为是地板，其实还有地窖和十八层地狱。别忘了乐视网是 0.18 元退市的。

命都没有了，就没有一切了。保命第一实际上是动物的本能不是人的特性。如果我们的老祖宗，没有不怕苦不怕死的精神，那么人类要么早已经灭亡了，要么还在树上待着。

2015 年 5 178 点行情曾出现“国家牛”“为国接盘”这些

口号，在当时早了些。对于今天的A股来说可以说正逢其时。即将进入牛市三浪3主升浪的A股，对于2023年前后可能受到美元、日元套利盘QFII获利盘及多重利空共振打击的A股，需要打一场全民金融保卫战。

2020年秋，《八佰》《夺冠》这两部爆款电影在呼唤着久违的民族英雄。八百壮士是英雄，中国女排亦是民族英雄。同样，亿万中国股民也应当在全民金融保卫战中成为民族英雄。

人们问一位珠峰攀登者，为什么非要攀登珠穆朗玛峰。他的回答是，因为珠穆朗玛峰在那儿。6 124点作为A股的珠穆朗玛峰，已经为亿万股民仰望13年之久，何时才能被我们征服?

牛市是需要信仰的。许多没有信仰、没有坚持信仰的人倒在了黎明之前，留下了终生遗憾。花荣说抄底成功为先驱，抄底失败为先烈。先烈往往比先驱早走一步。

巴菲特有句名言："如果在牌桌上你找不到谁是傻瓜，也许你自己就是那个傻瓜。"同理，在围猎的游戏中，如果你找不到猎物，那么你就是那个猎物。知耻而后勇，只有知道自己是猎物的人，才可能改变自己的悲剧命运。然而，世界上只有少数人知道或承认自己是猎物。

A股股民都认为自己是聪明人，可以赚别人的钱。事实上，他们总是赔钱，也没有人承认自己是给别人送钱的。赔了钱，他们只怪江湖险恶、世道不好、运气不好。自我安慰一番后，他们相信总有一天会牛市来临，时来运转。殊不知，牛市中你照样会赔钱，还可能赔得更多。总把失败归于外界环境而不反省自身，恐怕永远也无法改变失败的命运，失败永远成不了成功之母。

在弱肉强食的世界中，先知先觉固然可敬；后知后觉，亡羊补牢，也未为晚也。怕就怕最终不知不觉地成为人家砧板上的鱼肉。

战略上要藐视敌人，战术上要重视敌人。股市如战场，一方面要有李云龙部队如狼一样的凶猛劲儿，有不畏强手、拼搏到底的英雄气概；另一方面要谨慎小心，重视敌人，避免不必要的牺牲。李云龙最后拿下县城也还是用意大利的炮轰下来的。

今天，大至国家小至个人，在金融战中的处境都是弱者、猎物。我们要在股市长久地生存下去，并最终战胜对手，必须正视自己是生态链中最弱的一环，需要拥有更强大的生存能力。

第六节　像老鼠一样在股市中生存

一位著名电影人在发表获奖感言时说："做好人，演好戏。"这句话的意思是，你只有先做好人，才能演好戏。同样，只有先做好人，才能炒好股。何谓好人？本章第一节，普陀山和尚天天念经行善遂成股市赢家，就是典范。如果不能也不愿离开红尘，又没有在红尘中修成和尚的心境，你就可以向老鼠学习生存之道。

切记，想在股市里长期生存，首先要把自己当成真的猎物，以老鼠的生存智慧作为护身符。

2020年网络上流行一个词“活久见”。它的意思是美股一周四次熔断的现实，就连11岁入市的巴菲特也是活到90岁才见到的，许多投资者一辈子都没见过。一个股民在中国股市能活十年，就可以被称为老股民了，就敢在网上发帖招徒了。这也难怪，A股在20世纪90年代消灭了最早一批庄家、大户和散户，6 124点、5 178点两轮暴跌重创了中产阶层和“80后”“90后”新股民，看来下一批割的韭菜应该是“00后”了。

为什么把股民叫韭菜？因为股民像韭菜生生不息，野火烧不尽，春风吹又生，取之不尽用之不绝。

其实，股民真的还不如韭菜。韭菜一年最多可以割三次，割了一茬又长出一茬，生长期可以长达十年，但是，5 178点暴跌时，不少股民的股龄只有几个月，之后他们就逃离苦海再也不敢回头了。可怜的是，被称为韭菜的亿万A股股民为什么放弃独立思考，把辛辛苦苦挣来的血汗钱年复一年地交给股市，却始终改变不了被收割的命运？

其实，说残忍些，股民的命运在某种意义上还不如感恩节被宰的火鸡，毕竟一年才一次感恩节，但股民天天都可能赶上感恩节。悲哀的是，火鸡本属鸟类，受惊时会迅速逃跑，能飞

500—2 000 米远，为什么放弃自由放弃本能，甘心沦落到被驯化被宰杀的地步？或许，它们以为主人会一直精心地喂养它们，殊不知不管养了几年，依然逃不过某年感恩节的那一刀。没办法，火鸡不知人事，不知道自己是每年 11 月感恩节的传统主菜。但更令人悲哀的是，股民为什么明知感恩节那一刀总有一天会砍下来，但还在日复一日地幻想感恩节还没到，万一赶上了，还可能幸运地不被选中，即使选中了也有逃生或赶上赦免的机会？股民最终像丧失了本能警惕的火鸡，被大资金驯化，心不甘情不愿地成为大资金“感恩节”的美食。

当然，我们不能将这一悲剧简单地归于大资金的弱肉强食。现阶段 A 股仍处在长期熊市中，既然大资金不能通过长期牛市不断创新高，不能让先来者去赚后来者的钱，让场内存量资金去赚源源不断的增量资金追高的钱，也不能通过大批上市公司的持续业绩增长估值下降后挣估值修复的钱，那就只剩下区间震荡，它只能不断制造多空陷阱高抛低吸，让股民追涨杀跌，赚零和博弈的钱。因此，老股民都知道，最重要的不是你在 A 股赚了多少钱，而是你能在 A 股活多久。因为你不管赚了多少钱，最终可能全部吐回去，甚至连本钱一起吐出去。

为什么明知股市是屠宰场，还偏有人来当韭菜和火鸡？我的回答是，如果感恩节改成每隔 10 年过一次，或者未来几年可以特赦一大批火鸡的死罪，那么火鸡会不会一下子变得很幸福？这对于火鸡来说不可能，但对于 A 股股民来说却是可能的。以突破 5 178 点与 6 124 点为标志，再过几年，长期熊市就可以结束了，长期牛市随之开启！

当然，即使长期牛市来了，这也只是大大拉长和提高了韭菜和火鸡的生存时间与生存概率，它们依然不能完全摆脱被收割、屠宰的命运。风险提示不是说，牛市风险可能更大，牛市是散户的主要亏损之源吗？这主要指牛市中的新股民，他们要么运气不好，买了就跌，卖了就涨，总是追涨杀跌，总是赔钱；要么运气太好，赶上牛市主升浪又骑上牛股，天天上涨不回头，于是满仓再加上杠杆，死了也不卖，最后赶上板块轮回炒作形成的局部熊市，板块暴跌，真被套死了。说好的牛市到哪儿去了呢？

还有一句风险提示，熊市里很不容易赚到的钱到牛市里却赔回去了。这主要指老股民，熊市里抄底买入率先走牛的高科技及医药板块等非周期板块，结果，2020 年 7 月牛市月线主升浪来了，周期板块大涨，率先进入调整的非周期板块不涨反而继续下跌，高科技及医药板块的最高跌幅达 40%，熊市里好不容易赚的钱真的在牛市里赔回去了。

受制于资金面、基本面、政策面三重制约，A 股结构性牛市与全面牛市最大的区别就是，不是全体板块走牛，而是板块轮回炒作。如果不跟上主力节奏，你在牛市里非但不赚钱，反而要赔钱。因此，要在 A 股市场立于不败之地，既不能认命当韭菜，也不能像火鸡一样心存侥幸，股民必须像老鼠一样，培养独立生存的能力。

全世界最聪明的脑袋都在华尔街，但在掷飞镖选股比赛中，华尔街分析师选股的收益率却不如大猩猩，这说明即使在股市里人未必比动物聪明。

几亿年前横行一时的恐龙为什么早早就灭绝了？百兽之王老虎为何沦为被保护动物？主要因为它们不能适应气候、环境变化。走兽棋中排名最后的老鼠为什么能成为地球上生存最久的动物？被誉为“活化石”的大熊猫在地球上仅生存了逾 800 万年，但老鼠已有约 4 700 万年历史，是现存最古老的哺乳动物之一。股民要跟老鼠学超强的生命力，成为股市活化石，不做黎明前倒下的先烈。

“龙生龙凤生凤，老鼠生儿会打洞。”老鼠会打洞、上树，是为了保护自己，防御天敌的。老鼠天生胆小，知道自己是弱肉强食、优胜劣汰的自然界生态链中最弱小的。因此，老鼠适应能力很强，除南极外，地球上什么地方都能生存，几乎什么都吃。人们都说老鼠鼠目寸光，但它们的嗅觉很灵敏，尤其对人的气味更熟悉，只要一闻到就远远地避开。正因为老鼠视力不好，所以它们喜欢贴墙窜，用胡须探路，昼伏夜出，鬼鬼祟祟，出洞时两只前爪在洞边一爬，左瞧右看，确保安全方才出洞。环境略有异动或者变化，立即会引起它们的警觉，不敢向前，经反复熟悉后方敢向前；老鼠具有很强的记忆力和拒食性，如果受过袭击，它就会长时间地回避那个地方。

股民的资金在入市前，应该先挖好适合自己的老鼠洞，备足日常开销及应急开销。老鼠昼伏夜出，走熟悉路线。你对入市资金是否有资金管理风险控制策略？你对大资金陷阱有无辨别力？你是否记吃不记打，总犯重复性错误？你对盘面异动的警觉如何？你有无敏捷行动的身手？你是抄底逃顶在先，还是追涨割肉在后，甚至是在忍无可忍时才动作？大白天老鼠过街自然人人喊打，这给我们的启示是，君子不立于危墙之下，有所不为才能有所为。在多空大战胜负未定时，作为弱势群体中的你，不应趁火打劫贸然上场，而应隔岸观火静观其变。当大战结束两军撤退时，尸横遍野的战场才是你来寻找被错杀的股票之时。

老鼠的智力成熟度似乎能与人类匹敌，来无影去无踪，令人防不胜防，灭无可灭。赵本山调侃道：老鼠给猫当伴娘，挣钱不要命。但生活中猫鼠一家、和平共处的景象并不稀奇。老鼠发现，猫只要有鱼吃是不会吃老鼠的（因为鱼和老鼠二者都含牛磺酸，可以满足猫夜行视力的营养之需）。尤其是宠物猫，被宠得已经退化了，无须夜行，也抓不了老鼠，甚至失去了这项本能。

受此启发，艺高胆大的股民也可以尝试与狼共舞，短线强势跟庄打板；也可与虎谋皮，中长线趋势赚社保公募 QFII 抱团取暖的钱。但是千万适可而止，世上没有免费的午餐，别流连忘返，成为最后留下来为所有人买单的冤大头。

大雁南飞，狗熊冬眠，非洲动物大迁徙，动物们都知道按照季节调整自己的工作和生活方式。列宁说过，不会休息的人就不会工作。你如果一年四季 250 个交易日天天看盘交易，搞不好就交易成二百五了。

如果可以把炒股作为一种伟大的金钱游戏，你就可以从中体验战争的残酷、智慧的较量、人性的美丑、资本的力量、波动的神奇、赌徒的疯狂，以及天地板、地天板瞬间轮回的悲喜剧；如果可以坦然地把账户上的巨额浮亏当成浮云，你就不会以纵身一跳或遁入佛门终止投资人生；如果相信胜负乃兵家常事，坚信留得青山在，不怕没柴烧，三十年河东三十年河西，大不了从头再来，你就在屡战屡败、屡败屡战的烈火炼狱中完成凤凰涅槃，获得 A 股超级大牛市的丰厚回报。总之，如果你在入市时，总是尽最大努力，从最坏的结果去考虑问题，那么最坏的结果就不会出现；即使出现，你也不会把自己彻底击垮。

当然，本章介绍的炒股八绝招就是帮股民立于不败之地的。但是，你能不能学会、肯不肯照作，关键在于思维方式。人贵有自知之明。股民需要知道自己是弱肉强食、优胜劣汰的股市生态链上的最弱小的老鼠。《孙子兵法》云：知彼知己，百战不殆。散户需要知道，在股市赚钱不是最重要的，活得长久才最重要。不要成为任人宰割的韭菜。

我小时候玩过一种走兽棋，包括狮虎豹狼在内的任何一种动物都能吃老鼠。也许为避免老鼠一上来就被吃光，走兽棋的规则规定老鼠可以吃大象。其实自然界中的大象并不怕老鼠，大象数量锐减是生态环境的变化所致，但老鼠对其天敌人类制造过灭顶之灾——鼠疫在 14 世纪时被称为“黑死病”，曾在欧洲造成约 5000 万人死亡。

老鼠为什么能被中国人敬为十二生肖之首？恐怕这缘于中国人对它超强生命力的敬畏。值得人类借鉴的动物不只有老鼠。

狡兔三窟，兔子急了还咬人。在股市里，我们是不是连兔子都不如？

你会像鳄鱼一样忍饥挨饿，潜伏在水边，耐心等待大迁徙的动物来饮水吗？

非洲草原大迁徙的动物一年一度，不怕路途遥远，不怕沿途损失，放弃已经拥有的栖息地，坚定不移地奔向新的栖息地。你有如此坚韧不拔的精神吗？

鱼有 7 秒的记忆，可股市中我们的记忆比鱼还差，刚卖了又买回来，全然不顾买卖的逻辑，这与羊群到处乱窜有什么区别？为什么我们把国际资本的财富掠夺说成剪羊毛？羊群是盲目、没有头脑的，行动全看头羊。在纪录片中我们曾看到这样的悲剧，若头羊跳悬崖，那么其他羊也会义无反顾或刹不住车地跟着跳悬崖。你是不是羊群里的那只羊？

第七节　冯小刚的电影胜过股评

“地主家也没有余粮啊。”这是冯小刚在 1997 年导演的第一部贺岁片《甲方乙方》中葛优所扮演的角色的一句台词，谁能想到当年喜剧片中的一句玩笑话，居然流传至今，变成了现实的悲剧、悲剧的现实。

但斌的一个朋友身家超过 2 亿元，留了 3 000 万元给妻子，其余满仓加杠杆进牛市，结果在 5 178 点第一轮暴跌时爆仓，2 亿元荡然无存。悲剧不止于此。爆仓后，国家队救市，千股涨停，他又坐不住了，拿出剩下的 3 000 万元，再次满仓加杠杆抢反弹，结果再次血本无归。这下地主家真没有余粮了，他只好从零开始。在 A 股破产的“地主”又何止他一个？

顺便说一句，原打算 2019 年上演的冯小刚《手机 2》被封杀，尽管这回喜剧片自己悲剧了，但仍然以神秘的魅力暗示了 2019 年 A 股 5G 手机的喜剧，5G 龙头东方通信 4 个月涨了 9 倍，拉动大盘 4 个月涨 800 点，形成井喷。

其实，喜剧片拍到能把股市折腾得天翻地覆，这导演的功力也算是登峰造极了。然而，冯小刚的贺岁片对股市的影响力，若与他的悲剧片相比，那才是小巫见大巫。

先提个问题，2008 年的汶川大地震与 2008 年股市暴跌，仅仅是偶然的巧合吗？ 2010 年冯小刚拍摄的《唐山大地震》与 2010 年股市暴跌，也仅仅是偶然的巧合吗？

2010 年上证指数从 4 月 15 日 3 181 点跌到 7 月 2 日 2 319 点，两个半月跌 862 点，跌得莫名其妙。如果把原因归于当年监管层的两大利好，4 月 16 日推出股指期货，6 月 1 日推出创业板，那么为什么上证指数 7 月又止跌反弹，11 月又平安无事地回到了 3 186 点，创下了年内新高？

不过，最具有警示意义的经典当属 2007 年 12 月 20 日上映的《集结号》。没看过这部电影的人只知道打仗有冲锋号，不知道打仗还有撤退号——集结号。影片中的九连就因为没有接到集结号这个约定的撤退号令，全部牺牲。然而，具有讽刺意义的是，《集结号》居然没几人看懂，明明是撤退号的集结号，至今仍被媒体误解为冲锋号。结果 2008 年 A 股从 1 月持续暴跌到 10 月，跌幅超过 70%，把集结号当冲锋号的股民与没有接到集结号无法撤退的九连一起牺牲。更悲哀的是，片中全部牺牲的九连总算还剩连长一人为大家的烈士身份正了名，而 2008 年牺牲的股民却白牺牲了，无人为他们正名以反思悲剧。2015 年悲剧又来了一次，这样的悲剧以后还要重来多少次？

2017 年 12 月 20 日上映的《芳华》讲述了一个喜欢跳舞的女孩去了部队文工团的故事。参军到文工团当文艺兵，在 20 世纪 70 年代不知令多少人羡慕。可结果呢？悲剧了。最后女孩只留下残疾的身体、残缺的感情，孤独一人终老。冯小刚的文工团战友看了《芳华》，为他们的青春痛哭，不知道多少股民看完了《芳华》会为自己的股市人生痛哭。如果在《芳华》票房大卖时买入当时公认最有投资价值、最令人羡慕的周期蓝筹股，结果呢？ 2018 年 2 月周期蓝筹股暴跌，其后 2019 年、2020 年的两波井喷行情皆与周期篮筹股无关，而且周期蓝筹股越套越深，不知何时解套。说好的价值投资不知哪里去了！

惊天动地、惊心动魄的 2020 年，股民们是带着无数的问号熬过来的。至于这些问号的真实答案无人知晓。2019 年 12 月 20 日上演的冯氏悲剧片《只有芸知道》，其中一样充满了无数个问号，但有一个答案是明确的——不要问那么多为什么，爱情是值得至死不渝追求的。同样，对于股民而言，即使经历千难万险，即使难熬漫漫长夜，也只有一往无前，毕竟牛市值得终生追求，更何况曙光就在前面。

当年的《非诚勿扰》告诉我们：人是要有信仰的。信仰爱情的葛优，百折不挠，终于抱得美人归。牛市也是需要信仰的。不相信牛市就不要入市，信仰牛市的股民终会迎来丰厚回报，以前失去的会加倍偿还给你。

据说，冯小刚担心自己老了，正为下一部电影发愁。我建议他拍一部反映中国股民喜怒哀乐的电影，一定会有高票房。毕竟全国 1.7 亿股民，现在只有一部电影表现他们，而且还扭曲了股民形象——《股疯》。

我也希望大家明白功夫在股外，从电影以及生活中的美好事物中汲取 A 股之道。

第八节　不懂艺术的人不会炒股

索罗斯把量子力学的测不准原理应用到了金融市场，来强调市场最大的风险是不确定性。

我们都知道证券市场是预期市场，充满对未来的想象。做多做空都代表对未来市场涨跌的预期。这是想象力大赛——做多做空的想象力大赛。想象力不发达，不仅伤你的财，还可能要你的命。范进中举喜极而疯，幸亏被老丈人的大嘴巴打醒了。而邻居老太太喜极而亡的悲剧是无法挽回的。那位老太太喜欢打麻将，手气旺得很，一上来就是天和，还是一手大牌。这绝对属于黑天鹅事件。这种情况很多人可能打一辈子麻将都见不到。但喜剧立刻变成了悲剧，老太太狂笑几声后走了。

《金钱游戏》强调，投资更重要的是艺术。那么，这里的艺术是指什么？有人说，艺术什么都不是。我们怎么来理解这句话？艺术并非什么都不是，而是艺术带给人们的感受一定是超预期的。把美好的东西毁灭给人看，是悲剧；把美好的东西、丑恶的东西、夸大给人看，是喜剧！

艺术是一种美。K 线图也是一种美，K 线美常表现为对称美。M 头、W 底是空间对称美，前者如 3 458 点与 3 456 点，后者如 2 449 点与 2 440 点；个股天地板或地天板，也是空间对称美。井喷与暴跌不仅是空间对称美，还常伴时间对称美，上涨时间与下跌时间相同。6 124 点前后、5 178 点前后的月 K 线图，都带有强烈的时空对称美。

当然，这种对称美不是客观美，而是带有控盘资金主观审美取向、审美习惯、多空企图的。有了这种 K 线审美意识，我们判断顶部底部是不是就能简化一些了？

但是，一旦市场对对称美形成一致预期，陷阱就会出现，对称美变成断臂维纳斯式的残缺美。典型的是，上证指数

2002—2004 年 1 300 点的三重底，没有复制 1997—1999 年的 1 000 点的三重底向上突破，反而大幅击穿三重底制造空头陷阱，跌至 998 点，这才启动 6 124 点大牛市。

艺术需要想象力，一切都可能发生的股市更需要想象力。

树可以长到天上，比如伯克希尔 - 哈撒韦 30 万美元一股，拥有 100 股你就是亿万富翁。你也可以从人间被打入十八层地狱，比如几百元大牛股可以跌到 0.18 元一股退市，跌幅达 99.99%。还有比过山车更令人刺激的注册制股票，一日里从天地板到地天板，上下 40% 的波动，尤其是无涨跌幅限制的新股，可以创下一天内涨 300% 再瞬间跌 60% 的涨跌幅纪录，还有比这更精彩、更有想象力的金钱游戏吗？市场波动总会超出你的预期，超出你的想象力。只有你想不到的，没有市场做不到的。用股民的话说，就是市场一切都可能发生，甚至是用技术分析和基本面分析都无法解释的走势。既然从某种意义上说，市场总是对的，市场上一切都可能发生，那么我们还需要解释吗？解释得了吗？这就是股市的魅力，也是股市的成瘾性。

艺术源于生活，高于生活，能够产生浪漫主义和理想主义。现实生活中有许多困难挫折，会给人带来太多烦恼和困惑。当沉浸在现实当中的时候，你一定是一个悲观主义者。此时想象力的作用就是它可以使你享受快乐、享受惊奇、享受自由，享受现实生活很少能带给你的感受。有专家认为，想象力是活物与死物的根本区别。对未来的向往，成为人类发展的动力之一。

试想一下，如果没有第一只猴子想体验直立行走的样子，那么人类恐怕永远是猴子，永远只能四肢爬行，被关起来，供其他生物消遣。嫦娥奔月的神话代表中国人对月球的向往。中国革命先烈都是具有浪漫主义情怀的人，他们相信革命理想终会实现。现在他们的理想很多已经实现了。

当然，想象力可以比乐观的现实更乐观，也可以比悲观的现实更悲观。牛市可以没完没了，熊市也可以没完没了。无论美国还是日本，都曾在长期牛市后经历长达二三十年的熊市，A 股也不例外。在这场做多做空想象力大战之中，真可谓没有最长，只有更长。

1985 年，我去上海采访，音乐教育专家告诉我，音乐艺术教育可以开发孩子的想象力、创造力。人的智力 90% 以上是在 6 岁以前开发的。中国孩子和美国孩子最大的差距是想象力和创造力。胎教音乐可以促进右脑发育，培养想象力和创造力。

遗憾的是 30 多年过去了，中国的想象力和创造力教育几乎没有改观。同时，美国的一个权威咨询机构的调查结果表明：孩子 1 岁时，想象力、创造力高达 96%，可这种情况在 7 岁上学以后发生逆转；到 10 岁时，孩子丰富的想象力、创造力只剩下 4%。

我相信，中国孩子恐怕还没到上小学，想象力、创造力就被五花八门的学前教育给扼杀了。20 世纪 90 年代中关村有一个大幅广告：人类失去联想，世界将会怎样？现在的问题是，中国失去联想，中国将会怎样？

为什么各行各业的成功者寥寥，失败者却多如牛毛？一句话，大多数人都缺乏想象力。

尽最大的努力，从最坏的结果去考虑。20 岁务工时师傅送我的座右铭，直到今天我才开始领悟到它真正的内涵，真是充满想象力的大智慧。

失败者，要么没有尽最大的努力，要么没有从最坏的结果去考虑，要么二者兼有之。所谓尽最大的努力，就是把没干过，甚至没想过的事干起来，把想象力的最大潜力发挥出来。所谓从最坏的结果去考虑，就是把糟糕到不能再糟糕的结果想象出来，没有最坏只有更坏。

尽最大的努力，从最坏的结果去考虑。这句话看起来是自相矛盾的，但是对人生成败的分析可谓言简意赅。

遗憾的是，现实中的失败者，没有人承认自己的主观努力不够，全归咎于客观环境。但从某种意义上讲，只有你想不到的，没有你做不到的。很多人失败，正是因为缺乏想象力，缺乏对自身潜力的想象力，更缺乏对最坏结果的想象力。

最后，如果事先想到了，即使最坏的结果发生了，你也不会受到不能承受的打击，因为你已经做了准备，至少做了心理准备。

想象力的魅力在于它可以将你带入一个虚拟世界，帮你实现现实生活中不可能实现的梦想。

从生理的角度看，女人擅长感性思维、形象思维，男人更擅长理性思维、逻辑思维，女人比男人想象力强。据说，女人炒股比男人强，恐怕是与想象力强有关。

中国男人心中有两个永远的痛：一个是中国男足，另一个是中国股市。中国男人想不明白，为什么 13 亿人口的中国都挑不出一个足球队，冲出亚洲，走向世界；中国男人想不明白，为什么 A 股熊市没完没了。中国女人想不明白，为什么丈夫会成为败家子，辛辛苦苦挣来的钱舍不得用，全赔在股市里，还没完没了。

几十年来，中国男足一直没有凭自己的实力冲出亚洲，走向世界，这不仅是体能、技术、战术问题，更重要的是心理素质问题。在北京亚运会期间，一位运动心理专家就告诉过我们这一点。在高水平的运动竞赛中，实力相当的对手，心理素质好的可以超水平发挥；心理素质差的，就会发挥失常。大赛赛场上过度紧张，想赢怕输，必然会发挥失常，不输才怪。国际体坛有一个著名的“克拉克现象”：一个名叫克拉克的运动员，在平时的比赛中曾经几十次打破世界纪录，但是他到了奥运会赛场上就是拿不到奖牌。中国女排之所以能实现五连冠，很重要靠的是心理素质。中国男足不解决如“恐韩”“恐日”的心理素质问题，恐怕今后永远冲不出亚洲，更别提走向世界。

无独有偶，A 股市场创建 30 年，牛市短熊市长，至今仍处在长期熊市。国外总怕熊市（跌 20% 以上就是技术性熊市），唯有我们总怕牛市，怕牛市制造泡沫、泡沫破裂，引发系统性金融风险，结果把股市搞得死气沉沉。

赌博有成瘾性，艺术也有成瘾性。我们为什么把股市比作赌场？成瘾性是怎么体现出来的？我小时候喜欢听大人讲故事，尤其是童话故事。当陷入绝望时，人更需要听能给人带来希望的故事。尽管大投机家索罗斯认为，投机就是在市场开始讲故事的时候进去，在大家都相信这个故事的时候出来。千万别把故事当真。有部反映纳粹集中营的电影《美丽人生》，父亲为年幼的儿子编故事，把生死未卜的纳粹集中营生活编成了一场赢大奖的游戏。最终儿子为赢大奖，克服重重困难，在游戏中赢得了大奖——逃出了牢笼。同样，股市总会讲新故事，尤其是丑小鸭变天鹅式的重组故事。

对于亿万 A 股股民，目前最需要的是牛市的故事，是对未来大牛市的想象力。道琼斯指数经历长达 20 多年的熊市才突破 1929 年 385 点历史大顶，而 2020 年最高冲过 30 000 点，近 70 年涨了 77 倍。而上证指数 6 124 点前后月 K 线走势与道琼斯指数 385 点前后季走势有极大相似性，我们为什么不能复制道琼斯指数长期熊市迎来超长期大牛市的故事？

牛市也是需要信仰的，需要想象力的。但是你仅有这些还不够，还需要有坚定的意志和极大的耐心。笔者曾经在 200 元以下看好一只大牛股，还推荐别人买，最后在突破 200 元后，在剧烈洗盘时被洗走了；结果，一年后它涨到了 700 多元。

对本节的题目，不懂艺术的人不会炒股，技术派肯定不服气：为什么不改为“不懂技术的人不会炒股”？因为技术分析常常失效。

技术分析失效有两个原因：一个是技术分析具有局限性，它在震荡市有用，但是即使在震荡市中的阶段单边市也会失效，比如 2020 年 7 月上旬的井喷，或者牛市中主升浪，超买更超买，也就是连续大涨不回头或者是大涨小回头；反过来，熊市中后期超卖更超卖，一旦市场失效，市场进入某种不理性的状态的时候，更会导致技术分析失灵。

还有一个原因是，技术分析是大多数人都可以理解和掌握的，而市场只有少数人赚钱，所以大多数人掌握的东西应该是无效的。若都知道在布林线上轨卖出，在布林线下轨买入，那主力赚谁的钱？难道赚他自己的钱吗？2020 年 7 月，证券板块（880472）一下子把日线、周线和月线的布林线上轨全都突破了，而且是大幅突破。当技术派认为有效突破跟进后，它又回调到布林线上轨下边整理。原来主力玩了个假突破。如果是震荡市或者反弹的话，布林线上轨，日线、周线、月线都有可能成为行情结束点。但是，等牛市来了，所有的阻力都不是阻力，这就像熊市来了，所有的支撑都不是支撑。2008 年熊市时，别说年线作为牛市熊市分界线没有了支撑，5 年线 10 年线也都没有了支撑，2 440 点连 20 年线都给打破了，这用技术分析怎么解释？

我 1993 年入市的时候，当时市场已经有“反技术分析”“反大众心理操作”这两个词了。主力是走在大多数人前面的，可惜的是技术派被消灭了一茬又一茬。兵法云：知彼知己，百战不殆。大多数股民既不知己也不知彼，所以命中注定要成为韭菜被别人割。而主力知彼知己，因此百战不殆。当然，A 股 30 年来大部分时间是震荡市，技术指标还有用处，技术派还是可以自我安慰一下的，但是 2021 年牛市主升浪一来，技术分析的失误陷阱也会越来越多，又该怎样应对主力的陷阱呢？那就是让主力不知道你用的什么办法。第二章揭示的是 A 股市场规律，是主力难以左右的，甚至是主力不知道的。如果他们知道，选时操作就不会全线亏损。第三章介绍的炒股功夫外的绝招，也不是一般人能想出来的，它们是真正的绝招，代表了生活真理的普遍性，主力即使知道也没有办法。你有千变万化，我有一定之规，想调动我是调动不了的。这就是兵法上所说的制人而不制于人，如此方能取胜。

第九节　不会炒菜的人不会炒股

某日，笔者煮的核桃壳鸡蛋熟了，但既不入色也不入味，被家人笑话。此时我方知，煮开后两三分钟破壳，与我坚持的 5 分钟破壳煮出来的蛋的味道和颜色大不一样。1 分钟破壳时间太短，蛋黄全散了，5 分钟破壳，鸡蛋熟了，但难入味。两三分钟破壳，不散黄又能入味，刚刚好。把握时间太重要了。烹饪不仅是技术，更是艺术。

这也让我顿悟，为什么牛市迟迟不来，熊市没完没了。

治大国如烹小鲜。证券业的官员、学者精英，恐怕都是从不做饭、炒菜的大老爷们。他们如何能把 A 股这小鲜烹好？

以烹饪行业标准看 A 股市场，别说是大师级的色香味，恐怕连最简单的饭菜做熟、咸淡合适都做不到。要么是鸡飞蛋打，炉火冲天，饭也煳了，油也炸了，连水缸的水都被全拿来灭火了；要么就是烟雾弥漫，扇了半天，还是一锅夹生饭菜；更可怕的是，你忙来忙去，连火都点不着，冷锅冷灶，还颇有阿 Q 精神地自我安慰道：反正日复一日、年复一年上门免费送粮送菜的人这里最多，再说连火都没有，怎么还会有火灾呢？因此永远不会发生系统性金融风险。

炒了 30 年菜自己还是个没出师的学徒水平，还自我感觉良好。自己弄不好，还不让旁人插手。更不可思议的是，指数大锅不让炒，游资弄个小锅来炒个股，没想到个股也不让炒，不温不火地凑合整点饿不死就可以，死气沉沉地静静凉透心也可以，要是有人学孙悟空叮叮当当地大闹天宫把个股炒出花来，如来佛的手掌马上就会把他按住。呜呼！

炒菜是技术，炒菜炒成大师是艺术。尽管烹饪大师皆男性，但烹饪大师都是从家常便饭开始练习的。但论家常便饭，女人为什么比男人更强？最主要的是，女人比男人更耐心、细心、小心，而且主动学菜谱，常与同行交流经验教训，分析相关信息的真伪。

女人善于把握度。酱油盐的多少，火候大小，时间长短。消息不可不信，也不可全信。最值得称道的是，她们的炒菜是安全的，油锅起火，盖上锅盖火即灭，万不能用水灭。

联想到监管层调控时常不尽如人心，熊市出利好照样跌，牛市出利空照样涨。这恐怕是不知道把握适当灭火的时机，匹配适当的灭火方法，不是灭太早太重，直接把小牛扼杀在摇篮里，就是灭太晚太重，直接把疯牛变疯熊。当然，若二者取中，同样可以把小牛变成疯牛，而且变得更快。

市场要在大棒祭出来之前，把行情做完。需要警惕的是，如果是打金融战的话，大洋彼岸的对手会拼命挑衅监管层，不逼你把大棒祭出来就不罢休。你以为即使大棒祭出来也不会把市场压垮，殊不知大洋彼岸的超预期利空会配合大棒出台，不把骆驼压垮绝不罢休。我们准备好了吗?

离奇的是，年仅 30 岁、上海复旦大学毕业的女博士，被老爸厨师的山珍海味吃死了。既然山珍海味都不能天天吃，更何况天天吃新股，这样下去，会不会把市场吃成肠梗阻？同样，作为亿万股民的主体男股民，学炒股应从学炒菜开始。

炒菜首先要看季节，什么季节炒什么菜，我小时候到了冬天，菜市场里只有土豆、白菜。后来有了大棚菜，但品种依然有限。厨师要把仅有的几种菜做出不同花样，青椒土豆丝、菠菜烩土豆、土豆烧牛肉等。然而，我们在享受美味的同时，切记土豆含有龙葵碱，又名茄碱，可能引起中毒，因此必须去掉长芽部分，切好后冷水泡半小时，烹饪时用醋，并长时间高温去毒，而且土豆是不可以生吃的。

股市的冬天，指数低迷，成交量稀少。此时炒股首选与四季无关、一年到头都有新股上市的次新板块，在无指数行情的情况下，次新股为游资首选。机构也会从次新股中挑选有长线价值可以穿越牛市和熊市的大牛股。

那么如何用炒土豆的办法来炒次新股？首先长芽的次新股不要，在注册制导致 IPO“大跃进”的情况下，滥竽充数的次新股可能会越来越多，沙里淘金，首先排除业绩风险大且非行业龙头的大盘次新股。选真正的新股（新行业、新科技、新产品）列入自选观察，冷水泡三个月去毒（观察业绩报表有无变脸、机构有无介入、换手率和股吧人气够不够冷）后，可考虑少量介入。

为什么女人炒家常菜炒得比男人更好？首先买菜就买得好，既新鲜又便宜，物美价廉，无农药残留。她们货比三家，讨价还价，挑肥拣瘦。有新上的就不要货架上的，有打折的就不要不打折的，折扣力度越大越好，在人流中挤了半天、挑了半天，结账时她们还要选择优惠的支付方式。为更加物美价廉，她们还放弃去超市改去早市，回来还交流同样的菜不同的价格，省了多少钱。

如果把买菜的精明带到股市，女人就不会轻易出手，一出手不赚不走；一赚就走，不贪。庄家想把女人仓位洗出去或套在高处，那可不容易。相比较而言，无论是商家还是庄家，要挣女人的钱何其难也，还是挣男人的钱容易多了。

换了男人去买菜，目标明确，到了就买，分分钟买完就走，几乎从不砍价，买菜的性价比没法跟女人比。男人性急，加上比女人胆大，更喜欢赌博冒险，到了股市难免冲动，追涨杀跌是寻常事。虽然偶尔骑上黑马抓个涨停或及时止损控制了损失，但总体炒股的性价比、失误率可能都不及女人。如果是男人炒股失败，在外面你自己倒是能承受，但在家里就惨了。当然，最令男人烦恼的是，由于炒股亏损，在家里被训斥，尤其是遭受没完没了的唠叨，你恨不能一气之下永远不碰股票。

有调查表明，中国大多数家庭都是女人掌控财权。可以想象，作为亿万股民主体的男人为何在家没地位。只出不进，出多进少，女主人自然不满。与男人相比，女人属于风险厌恶型，追求平稳的生活，但她们也渴望生活水平提高、不断改善。女人对男人炒股，总体上持中立态度，希望小打小闹，有节制，不要弄到不可收拾。但如果长期套牢，持续亏损，她们就会忍无可忍。

还是那句话，这回牛市真来了，至少是十年一遇的机会，一定要抓住。这里给男股民两条忠告：一是给自己留一个稳固的后方，这是炒股成功的必要条件。牛市也不例外。尽管女人炒股不比男人差，但适合炒股的女人毕竟是女人中的少数，男股民尽量不要让妻子介入炒股。股价涨涨跌跌，牛市也难免亏损，完美操作是没有的。

女人心眼小，炒股一旦被套牢陷入亏损，她们就可能难以自拔。一个买菜时连几角钱都在意的人，在股市上一天亏个千八百元的，她会心疼得不得了。股市风险，还是男人一人来扛吧。回家报喜不报忧，还有个平稳的日子。除非两个人的自制力都非常强，各炒一个账户，互不干涉，这可能相安无事。

最重要的是，千万别让你妻子知道，你买卖持有的是哪只股票，否则可能天天盯着你买的股票，天天在家里争论该不该买该不该卖，这就没法过安生日子了。

二是牛市也不要卖房炒股，放大杠杆借钱入市。留足风险备用金和日常生活费，以免为应付日常开支而被迫割肉。即使是入市资金，你也要尽量避免满仓操作，尤其需要避免满仓一只股。你要留好预备队以防万一，毕竟牛市是指数牛市、结构性牛市，会有大量熊股，大盘与板块也会出现阶段式的单边下跌。

最后再提醒一句，男股民如果学不会炒菜，用买房的习惯买股就行，挑季节（淡季、弱市），挑小区（板块）户型（盘子），挑配套（增值潜力）好，最后货比三家（股价），防利空。反正，你只要照猫画虎，照买房买股就行了。

第十节　不会下棋的人不会炒股

什么人适合炒股，什么人不适合？这恐怕也是个世界难题。早年我在《中国青年报》当记者，曾经采访过北京师范大学心理咨询中心，他们有一项研究——心理测量研究。这项研究主要从性格的角度评估你适合干什么职业，不适合干什么职业。比如，外向型性格的人适合做老师、搞推销、从事服务业，内向型性格的人适合做研究、当会计。当然，这些职业里面无股民。

行为金融学不也是近些年才火起来的吗？曾有报道，一个女基金经理成了公募冠军。有观点认为，女人的炒股业绩会比男人好些。

男人左脑发达，倾向于逻辑思维；女人右脑发达，倾向于艺术思维。左脑用语言进行思考，右脑则以图像进行思考，右脑支配左手、左脚、左耳等人体的左半身神经系统和感觉，而左脑支配右半身的神经系统和感觉。《金钱游戏》里提到基金经理需要具备特殊的心理素质，并强调这是学校教不出来的。比如，做每笔交易时的谨慎心理；对市场走势敏感，当市场走势与自己的预期不一致时的迅速反应能力。成为华尔街基金风向标的约翰逊，最关心的居然是市场上的群体心理。也有专家强调，技术与知识在炒股中只占 15%，剩下的取决于人的心理。

初生牛犊不怕虎，重势不重价。对于新股民来说，最大的问题是胆太大，不够谨慎。新股民需要掌握好买卖节奏，战胜市场问题。

一朝被蛇咬，十年怕井绳；前怕狼后怕虎。对于老股民来说，最大的问题是胆太小，过于谨慎。老股民需要掌握好战胜自己。如果不能战胜自己，犹犹豫豫，结果只会错过买卖时机，要么错失牛市或牛股主升浪，接最后一棒，要么倒在抄底抢反弹时。

有趣的是，我闲来无事时在小区旁边的公园里与人下棋，无意中发现了下棋能充分暴露人的心理素质，不由得想起了丈母娘通过打麻将相女婿的故事。我认为，下象棋与炒股有许多相通之处，可能对获得炒股成功具有重要的借鉴作用。

最典型的是悔棋与支棋。悔棋对下象棋乃大忌，并为正式比赛所禁止。常悔棋的人肯定不适合炒股。股市可不卖后悔药，一念之差可能错过连续几个一字板，甚至一天 40% 的地天板大盈、天地板大亏波动，而且市场根本不给你认错的机会。

也许有人说止损是纪律，是保障本金安全的手段。但是，经常止损只能说明你做的买入决定是盲目的。或许你性子太急，反应太快，走得太急，既没有从战略上统揽全局，也没有想庄家是否设下了欲擒故纵、声东击西的陷阱，更没有瞻前顾后，考虑好交易后下一步的应对战术。这岂有不经常止损之理?

再说支棋。只有棋艺不精、败多胜少、缺乏自信的人，才依赖别人支棋。赢了记在自己的账上，输了把责任推到支棋的人头上。其实输赢本无所谓，既不赢房子又不赢地。但是，习惯于依赖别人支棋的人，如果拿着你的血汗钱来股市冒险，就可能肉包子打狗——有去无回。没有主见、没有独立思考能力的人，大家入市你也入市，大家推啥你买啥。在股市里，这样的人也只能是羊群效应中的一只羊，直播黑嘴的杀猪盘。他们赚钱，是糊里糊涂地撞上了偶然的运气，亏钱反而是必然的。

高手有时也会采纳别人支棋，但一定是综合比较权衡利弊之后的最优选择。曹操打败袁绍最重要的是能够吸取谋士们的正确意见，而袁绍却在谋士意见之争中犹犹豫豫地做出妥协性抉择，失去了战机。股市如战场，投资人如将帅，在不同条件下，攻守撤的战术选择能否做到最优，并将最优决策坚持到底，最终结果可谓大相径庭。理性在其中发挥了重要作用。人在愤怒、恐惧、狂热、贪婪情绪中的操作，往往是错误的，就像人在恋爱中智商最低一样。

下象棋是棋子实力相当的对抗，要战胜对方，你首先要知彼知己，以己之长克彼之短。

我师傅提醒我下棋不能性急，每走一步都要思考，更重要的是，不仅想自己怎么走，还要想自己走完后对方会怎么走，尤其还要考虑在对方选择不同战术、不同走法的情况下自己又该如何应对。你不能只想下一步怎么走，还要想到第三步第四步怎么走。一位象棋大师告诉我：高手下棋，至少要想之后六七步，多则十几步，甚至有的象棋冠军跟机器人下棋一样，把一盘棋的棋谱从开头到结尾全背了下来。我感到非常惊诧。

我师傅还说下棋要有全局观，进攻时既不要开盘就孤军深入，也不能车马炮全部押上去，只顾进攻不顾防守，要攻守兼备。下棋还要有强大的心理素质，当对方大兵压境、黑云压城城欲摧之时，恰恰是对方后方空虚，己方绝地反击之良机。你不仅要讲战术还要讲战略，“不谋万世者，不足谋一时；不谋全局者，不足谋一域。”丢卒保车，舍车马保将帅。必要时，拿车砍士，置对方老帅于死地。

有位 95 岁高龄的离休老干部的最大爱好是下象棋。老人称下象棋的好处是运动大脑，消磨时间，给身心带来快乐。他上午和下午各下一次棋，最长下三四个小时。他在家还会在网上跟他人下棋。他下棋每走一步都很认真，很少会半路认输，总会战到最后，实在没办法了才认输。尽管赢了，他往往只是哈哈一笑。偶尔输了，他也会心一笑。他强调下棋无关乎输赢，下棋时总提示对手，自己的某步对他的威胁和对手的某步错棋可能带来的危险。偶尔，他也会走出让人吃惊的、惊险的棋。这样快乐健康活着的高寿者能有几人？如果下棋的人和炒股的人都像他这样，他们会减少许多烦恼，增加无穷快乐。《夺冠》中主教练郎平对新女排队员说：享受体育、排球，放下过去的一切去打比赛。

常言道，心平气和。所谓心平，就是平常心、平静心。平常心，即为手中有棋，心中无棋，正如手中有股，心中无股。但是，说时容易做到难。俗话说，知足者常乐。下棋本是游戏，输赢本是寻常小事。可在不少人心里输赢是天大的事。有的人喜欢研究，白天下棋，黑夜复盘放电影，为此睡不着觉，最后不得不停止下棋退出一线，只看棋、支棋，不敢再下棋。有的人不是不会下、不能下，而是不敢下，怕当着那么多人的面输了，尤其是怕被人连杀几盘甚至被杀得落花流水没有面子。但是，也有人主动挑战高手，通过挑战提高自己。有的人太认真，输了不甘心，赢了也不知足，不输不赢，战平，本应皆大欢喜，但他不依不饶，非要分出高下不可。更有甚者只能赢不能输，斤斤计较，把斗棋变成斗嘴，下棋不是找快乐而是找气受。

上述这些人的共性是把下棋看得太重，下棋只是生活的一部分，我们还有诗和远方。如此下棋，平添无数烦恼，不下也罢。炒股也是，没有平常心，过于计较输赢的人，在股市里也会更容易失败。即使最后赢了，身体疲惫不堪，心理受尽折磨，假若天天如此，不炒也罢。东方财富的股吧里，整天骂机构、庄家、上市公司的网友，以及互骂的人有的是。其实换位思考一下，根本不值得生这份气；再说气大伤身，且不解决任何问题。

所谓平静心，即水中有船，船中无水。怎么讲？船在水中是可以保持平稳的，但是，水一旦进到船里，船就再也无法保持平稳了，因为随时有翻船的可能。人心如船，要保持平静心，就要排除外界一切干扰，即使最终处于被水包围之中，也不让水进船来影响自己的平静。这样才能任凭风浪起，稳坐钓鱼船。灵性不仅让人平静，更重要的是让人学会接受。因为世界是一元的，不是二元的，无好坏之分。无好就无坏，无坏就无好，既然好坏互为依存，不可分，那我们就全部接受，自然就无烦恼。

下棋本身也在考验和磨炼人性。不适合下象棋的人其实也不太适合炒股票。

虽然我们主张到股市克服人性弱点，磨炼性格，让人生更丰富多彩，但是，对于心理素质差、风险承受能力低的人来说，还是不入市为宜。有句戏言，如果你爱他，就让他去股市，因为那里是天堂；如果你恨他，就让他去股市，因为那里是地狱。不以平常心对待输赢、小心眼、涨也担心跌也担心、不天天看盘时时盯盘就不踏实、心随着股价波动乱跳、不能做到手中有股心中无股的人，都不适合炒股票。我们犯不上为了赚钱，影响正常生活和身体健康。比如，我的粉丝中，有的人市场一有风吹草动，就惊慌失措，涨也担心，跌也担心。涨，仓位轻的为该不该追涨着急，仓位重的怕到手的利润再飞了；跌，仓位重的担心破位，仓位轻的为该不该抄底发愁。其实，担心大涨大跌也可以理解，但上证指数常处于振荡整理区间，盘中波动不过几十个点，占 1/100 左右，如果这种无须看盘的垃圾时间都会让你忧心忡忡，那么你太脆弱了，也实在活得太累了。为什么不让自己活得轻松快乐点儿呢？

当然，全国有 6 亿人的月收入在 1 000 元以下，股市盘中波动经常让这些人几个月的工资都打水漂了。但是，市场就是这么残酷。马太效应，就是让贫穷的人更贫穷，让富有的人更富有。你越想赚钱越赚不到钱，反而越赔钱。大资金充分利用 T+1，涨跌停板，围猎追涨杀跌的短线客，今天单边上涨逼你买，明天开盘低开一路下跌逼你卖，如果散户割肉放量，第三天又复制第一天单边上涨逼你买。大嘴巴来回扇，杀完多头杀空头，反正大资金涨跌都不怕，拉上去，有的是筹码，打下来，有的是钱。如果散户不割肉不放量，大资金可以连续打压击穿所有技术支撑，让你在恐慌中交出筹码；大资金也可以在低位长时间整理，让你耗不起没完没了的盘整，最终交出筹码。这不过是主力惯用的那几招，比起下象棋时对手可以参考的几十上百种战术少多了。你如果像下象棋一样学会换位思考之后，再掌握第二章的上证指数实战预测系统以及本章的绝招，就自然可以想到如何以不变应万变，轻松对付主力惯用的几招。

你如果是拿大资金入市或者肩负炒股养家的重任，需有强大的心理、坚定的意志，既无配资杠杆也无短期还债的压力，只想利用难得的牛市主升浪稳妥获利，就可以把炒股当作一场战役，像将军排兵布阵一样，尽最大的努力，从最坏的结果考虑。你可以借鉴第二章的上证指数实战预测系统制订主力资金入市方案，长线潜伏银行股无风险品种，短线 T+0 资金，主升浪主攻资金，跨市场跨板块套利风控，套保对冲。你也可以借鉴本章前面几节中介绍的各种技巧，部署万无一失的资金作战方案，这同样可以使你在股市中立于不败之地。

决定最后胜利的关键因素还有两点：

第一，也是最重要的一条，总预备队不动。牢记总预备队决定最终胜负，必要时充当融资及股指期货保证金。根据第一章第三节、第二章第三节的提示，我们需要监视美元指数和北上资金动态、国内外时政，既要防备重大利空与多周期时间之窗共振导致大变盘，改变市场节奏，又要防备非周期时间之窗发生重大黑天鹅事件导致短线暴跌。参考第二章第一节多周期共振拐点前，你可以对主升浪主攻资金，实施波段套利以规避风险。任何时候都不能把主攻资金置于危险之地。

第二，有无无坚不摧永不言败的勇气，有无不惧生死不计损失的意志，操盘者究竟是狼还是披着狼皮的羊，这些都是决定多空决战胜利天平最终倾向的重磅筹码。

林彪大喊："我不要伤亡数字，我只要塔山。"拿破仑最后失败的原因恰恰在于他老了，从而失去了滑铁卢以少胜多的决战时机。相反，处于绝望境地的朱可夫在多条战线奇迹般地扭转战局，在于寡不敌众时的反突击，以及在列宁格勒的宁死不退。《亮剑》中，李云龙率领的八路军一个团敢于居高临下地对日军一个联队反突击，成功突出重围，因为李云龙手下都是一群狼。

最后也是最重要的是，识时务者为俊杰。你要知道在跟谁下棋，在什么样的时运下玩股市，知道现在的市场是什么样的。A 股这个非牛市非熊市的市场，被我定义为非典型牛市。

非典型牛市借鉴了"非典型肺炎"之说，因为二者有很大的相似之处。2003 年非典型肺炎虽然与典型肺炎症状相似，但是实际上是具有极强传染性的重症急性呼吸综合征。非典型牛市与典型牛市有相似特点，但在本质上是与之不同的箱体震荡市，是似牛市非牛市、似熊市非熊市的怪胎。

如果按典型肺炎治疗非典型肺炎，那么必然出现很高的致死率。如果按典型牛市参与非典型牛市，我们不但享受不到牛市的丰硕果实，而且很可能出现因牛市突然结束而造成全面、严重的亏损。这就是 A 股市场牛市短熊市长，长期处于熊市的根本原因。基于此，参与本轮 A 股牛市的投资者，要时刻保持对市场的敬畏之心，任何时刻都不可忘乎所以，还是那句老话，尽最大的努力，从最坏的结果去考虑。

后记

读完这本书，你是什么感觉？你是一口气读完的，还是觉得上当受骗，名不副实？是似懂非懂，食之无味，弃之可惜的鸡肋，还是相见恨晚，令你豁然开朗？不管你如何评价，不管你与我有没有缘分，我始终坚信本书的价值，无论是书中所介绍的观点还是方法，都经得起市场的考验、历史的考验。

24 年前，1997 年 10 月，笔者在《人民日报》主办的《大江南证券》发表了文章《1 025 点悄然逝去的世纪之底》，建议抄底，10 年两轮牛市（1 025 点至 2 245 点，998 点至 6 124 点）。8 年前，2013 年，笔者主编《抄底中国》，建议抄底，两年一轮井喷（1 849 点至 5 178 点）。今天，笔者在新书《A 股操盘宝典》中再建议抄底，马上投入牛市主升浪。你只要不买垃圾股、退市股，就可以从历史上最长的大牛市中得到丰厚回报！信牛市者得永生，在股市中永生。

笔者 1993 年 3 月入市，已经历了三轮完整的牛市熊市周期。在华尔街对冲基金经理的任职资格是，经历两轮完整的牛市熊市周期。

我本善良，却执意下海，尽管江湖险恶，然初心不改。我本愚笨，却以追求真理，执业内牛耳为目标，故笨鸟先飞、愚公移山近 30 年不止，直至大彻大悟，修炼成了少数掌握 A 股市场真理的人，并写成此书。基于实践是检验真理的唯一标准，书中推出的上证指数实战预测系统，经受了 A 股市场十多年检验和我的新浪微博粉丝两年的检验。

本书可谓呕心沥血之作，尽管观点上难免有偏激之处，但对得起自己，对得起读者，也对得起我的父亲。我父亲作为全国重点院校的教授，他一直遗憾子女中没有一人继承他的事业。我虽奉父母之命去读了理工科，但在大学毕业两年后考入了中国青年报社，转向了文科。但今天可以告慰他的是，儿子正在冲顶 A 股市场研究之珠穆朗玛峰，已经看到了胜利的曙光。

说真话，不说假话，不害人。这是某名人坚守的做人三原则。扪心自问，我也做到了。

遗憾的是，某些财经“大 V”、证券专业人士连第三条都做不到。当然，害人者中，故意害人的是少数，糊里糊涂害人的是多数。有些只是老革命遇到新问题，跟不上时代而已。但最大的问题是，更多的人可能从来就没明白过 A 股到底是怎么回事，别说是事前诸葛了，连事后都不是诸葛，涨时喊涨，找一堆利好消息，跌时喊跌，找一堆利空消息，以其昏昏，使人昭昭。

为此，我对新老股民的忠告是：韭菜们，你们要警惕啊！

很多人在小时候都听过“狼来了”的故事。故事的本意是为了教育小孩不要说谎，说谎就要受到惩罚。后来被人引申为“狼来了”喊了多次之后，狼就会真的来了。

2009年，笔者所著的《毁灭与颠覆：重重迷雾笼罩的金融危机》，可能是国内最早描述中美大博弈和美国金融战争思维的书。书中指出A股市场已成为美国金融战的第一打击目标，A股可能会复制1929年道琼斯指数崩盘以后的20多年熊市走势，不幸言中。

2013年笔者策划与主编的《抄底中国》由东方出版社出版。本书第一次以反主流思维对A股运行规律进行了全面的探讨，指出A股将伴随经济转型进入长期熊市，6 124点可能需要20年才能突破。

2015年6月10日，我在和讯网首页老荣论市栏目发出警告，逢高减仓规避暴跌风险，两天后见5 178点开始持续暴跌。

2020年7月1日，上证指数收盘3 025.98点。此举可以说非同寻常，在3 000点上下做了大约100次俯卧撑之后，这次终于稳稳地站住了。

人们不放心。为什么在忽悠了很多次后，偏偏这一次牛市真的来了？这是什么牛市？是不是水牛、疯牛？是披着熊皮的牛，还是披着牛皮的熊？牛可以跑多远多高？牛会不会半路死掉？

没办法，笔者只好用本书讲清楚这些问题，因为这一次产生伟大牛市的条件，所谓天时地利人和，大体成熟了。

本书可以成为你的牛市引路人。无论你是股民基民，还是对股市一无所知的小白，无论你是退休老人还是在校学生，无论你是工农兵，还是老板、白领，都可以从书里找到一把投入牛市改变命运的钥匙，启动一个不同寻常的人生。

作为亿万股民的一分子，我深深地理解，股民太不容易了，舍不得买这个，舍不得买那个。辛苦挣来或节省下来的钱，全投进了股市，但最后赔钱不说，还被人认为疯傻，被家人亲友埋怨指责。所有这些不幸都将成为历史，遇到这本奇书就是你翻身的日子。

也许，你一直认为只能认名人权威，但是名人权威不一定代表真理。真理掌握在少数人手里。实践是检验真理的唯一标准。我虽然没有显赫的头衔、很高的知名度，却是一个掌握了股市真理的人。

也许，你担心又一次被骗。你可以用新浪微博搜一搜，看看粉丝是怎么评价荣老师的神预测的，是怎么如神话一样地带他们赚钱的，并与上证指数走势 K 线图分时图对照看一下，荣老师到底神不神。

附录 1　老荣金句

那些听不见音乐的人，认为那些跳舞的人疯了。那些看不懂周期的人，认为我疯了。殊不知，只有疯了的我，才能听到 A 股的脉搏。

没有红灯，你可以跟着一群人过马路。没有红灯，你也不可以跟着一群羊跳崖。日常生活中，人有理性，但在井喷行情时，人只剩疯狂。

游泳出事的，都是一瓶子不满半瓶子晃荡的人。不会游泳的根本就不会下水；会游泳的，即使误入险境也可以自救互救。悲哀的是，股市中前两种人遍地都是，还以第三种人自居，这样一来，不割韭菜对得起谁？不割白不割，割了也白割。

在聪明人眼里，不管什么年代的烈士都是笨人。命没了，就什么都没了。但如果人人都这么聪明，人类就退化成动物了。保命为动物本能，献身乃人之精神。若无先人不怕苦不怕死的探索求生，人类当下恐怕已经灭亡了，或者被关在动物园里。谨以此向牛市殉道者致敬，没有你们前仆后继的努力，A 股就没有牛市。

专家说麦当劳与可口可乐是垃圾食品，但无人告诉我，为什么巴菲特天天吃薯条、喝可乐，还能活 90 岁。股市里类似的专家太多了，想不上当，只要学会独立思考，用生活的常识来判断对错即可。女人炒股只需知道 1+1=2，把炒股当作逛街玩游戏即可。货比三家，沙里淘金，讨价还价，拦腰一刀，非地摊价不买。不买不赚钱，至少不赔钱。当然，赶上“双 11”股票暴跌大甩卖，可以破例抢一把。不过最后买单前别忘跟丈夫或闺蜜打个招呼。

《金钱游戏》中，一帮 80 岁的美国老太太，分享业内人士的诚心推荐，屡屡炒同一只股成为挚友，每日热线不断，三天两头咖啡厅小聚，告别孤独与寂寞。有关上海老年人健康的一个小调查表明：坚持炒股的人身体最好，坚持钓鱼的次之，再次为坚持打麻将和跳广场舞的，没什么特别爱好的，身体精神都较差。推论，炒股有益健康长寿，至少不会得阿尔茨海默病。但前提是，一定要心胸开阔不计输赢。不然，喜剧就变成悲剧了。

巴菲特 7 岁立志，35 岁前当上百万富翁，11 岁用攒下的零花钱第一次买股票。华尔街大作手利弗莫尔，16 岁成为全职投资客。《金钱游戏》的作者说，基金经理不是从学校培养出来的。看到今年 90 岁的巴菲特与他的最佳拍档 96 岁的芒格为来自全球的股东布道，你会相信投资是一个终身职业，你会忘记他们的高龄与阿尔茨海默病。

去德国印象最深的是一件小事，即对螃蟹实行安乐死，活螃蟹扔到热锅里就会拼命挣扎，活活蒸死对它们是一种残忍的死刑。为减少螃蟹的痛苦，德国流行对螃蟹通过电击实行安乐死。这是一个曾对犹太人实行过种族灭绝政策的国度，他们居然会对螃蟹仁慈？割韭菜要留根，以便长大再割，这难道是对韭菜的仁慈？板块龙头超强走势通常是为掩护其他股出货，这也算庄家的仁慈。但韭菜若不知见好就收，就等着图穷匕见吧。

不管黑猫白猫，抓住老鼠就是好猫。这话是真理，但千万别搬到股市。不管黑股白股，让你赚钱就是好股。小心碰上先施美人计，而后吃人不吐骨头的白骨精。乐视网、暴风集团上市之初都是大牛股，最后混到退市地步，骗了多少人。连孙宏斌都被乐视骗了 100 多亿元，还有一众明星。有粉丝建议我讲讲怎样寻找穿越牛市熊市的股票，我觉得稳健的投资人还是从那些已经穿越牛市熊市的股票中选吧，如果从次新股中选了个披着牛皮的熊，那可真是从牛市穿越到熊市了。

有没有穿越牛市熊市的股票？有！“四好”股票：好企业（持续高成长的行业龙头）、好股票（要么板块龙头，要么特立独行，不管大盘涨跌，持续向上）、好股价（要么现实中被错杀低估，要么从未来角度看被低估的）、好庄家（这一条最重要，好庄家往上做，一起赚钱；坏庄家往下做，往死做，不管自己赚不赚反正不让你赚）。“四好”股票缺一“好”都不行。

曾经有一只被散户一致看好的特立独行的中盘重组股，从重组启动、短期井喷见顶、暴跌重归底部整理，直到一年后重组成功，再到重组成功一年，一直维持底部整理，公司不断发利好它不涨，大盘涨它不涨，大盘跌它就跌，偶尔反弹必打回原形，最后把看好的长线投资者与短线游资全赶走。难怪当初炒延中（1994 年中国第一重组股）的老股民很早预言，此股资质价值 20 多年罕见，但散户不宜参与。参与者必受尽难以想象的折磨。如此险恶的庄家极为罕见。可见，“四好”股票中好庄家最重要，没有这一好，其他三好无意义。除非你关了电脑，卸了行情软件，学巴菲特做超长线。

老鼠给猫当伴娘，你挣钱不要命。你无须为现实中的老鼠担心，还是为自己担心吧，这样的悲喜剧天天在我们身边上演。可怜的是，股市里亿万只老鼠，既不知己也不知彼，误以为与披着老鼠皮的猫是同类，不知死活地与猫共舞。被咬得遍体鳞伤，连老本都搭进去了。但依然无所畏惧、无怨无悔，舞曲一响就往里冲，甚至舞曲停了仍然抱着猫不放，日复一日，年复一年。这哪里是玩股，分明是玩命！

股市生存的第一法则，永远记住你只是一只老鼠！千万不要瞧不起老鼠，其实股市里的你远远不如现实中的老鼠。地球上最古老的“活化石”不是拥有 600 万年历史的熊猫，而是活了 4 500 万年的老鼠。老鼠可是被我们的祖先尊为 12 生肖之首。永远记住在股市，你只是一只老鼠，深挖洞，广积粮，躲着猫，跟着狮子老虎走。敢问股市何为猫？何为老虎？游资庄家是猫，牛市中的社保、公募基金是老虎。为何躲猫不躲老虎？原因很多，但至少猫没教老虎上树，所以也给老鼠留了后路。

北上资金是什么？近几年，在 A 股市场上呼风唤雨的北上资金，一直披着神秘面纱。它们究竟是真外资，还是假外资？如果是前者，那么是具有华尔街背景的国际投机资金，还是有特殊内地背景的港资？对其身份总该有所了解，反正肯定不是白求恩，至于是不是狼外婆，那就不知道了。如果是后者，那么是国家队以北上资金的名义维稳，还是内地游资逃避监管的一种变通手段？

至少有两点应引起关注：一是 2019 年与 2020 年两次井

喷，北上资金都是主力乃至先锋，2019 年 4 月中下旬，监管部门专门开展了对港资配资借陆股通北上的调查，结果调查一开始，行情就结束了。二是北上资金一天 50 亿元资金净流入或净流出，基本可以决定几十万亿市值的上证指数当日是收涨还是收跌，这说明北上资金已经掌握 A 股定价权。这究竟是 A 股之幸还是不幸？

“一唱雄鸡天下白。”从逻辑上讲，天亮不亮跟鸡一点关系也没有，不管鸡叫不叫，天总要亮。同理，不管有没有利好利空，股市总要波动，总要按自己的内在规律运行。可怜的是，人们总是在辛苦地做无用功。大涨就找一堆利好，大跌就找一堆利空。如果利空反而大涨，利好反而大跌，又如何解释？2020 年美国股市先是百年未见之大跌，继而是百年未见之大涨，把技术派和基本面派打得满地找牙，这就是最好的范例。可见，简单地以所谓利好利空来解释市场的涨跌，且不说是对是错，即使从逻辑上也不能完全自圆其说。

流动性是股市生命。A 股流动性溢价、流动性折价并存，究竟是流动性过剩，还是不足？有业内权威学者一口咬定，狂炒创业板题材股是 A 股流动性过剩的表现。许多权重股折价又该如何解释？其实，非权重溢价恰好表明市场流动性不足。在严重供过于求的熊市，游资与广大散户只能以局部牛市营造非权重溢价，这是迫于生存的无奈。非权重溢价是流动性相对过剩，而权重折价是流动性绝对不足？若二者兼顾地表述，A股处在流动性绝对不足基础上的流动性相对过剩。

“拐了！拐了！拐卖了！”多么熟的小品《卖拐》，这在股市上屡屡得手！大盘拐点就是大拐！拐不拐？谁决定？何时拐？拐多大？这里大有名堂可挖。

把大盘拐点归于外因不妥。市场趋势能否改变取决于内因。范伟被忽悠买拐，谁让他是范伟，怨不得赵本山狡猾。适当的温度可使鸡蛋变成小鸡，但适当的温度绝不能使石头变成小鸡。外因须通过内因（周期、形态与成交量）才能起作用。

周期决定大盘拐点可能出现的时间，而大盘的趋势与成交量的匹配度决定届时拐不拐与拐多大。

金融市场可以对人的素质进行全方位的洗礼，包括记忆力、社交能力、学习能力、快速反应能力、独立思考与换位思考能力、风险承受能力，乃至平和的心态、坚强的意志、超长的耐心。专家介绍目前中国老年人患阿尔茨海默病的人不在少数，给患者及其家属带来了很大痛苦。有趣的是，在证券营业部大厅里，有一道几十年不变的风景，白发苍苍的老头老太太坐椅子上看红红绿绿的大屏幕行情。有人说老年人不适合参与投资股票这类高风险活动，其实老年人，只要将养老钱交子女保管防骗，拿少量零花钱玩这个金钱游戏还是可以的，赚赔无所谓，至少可以预防阿尔茨海默病，消磨时间，减少孤独感，丰富晚年生活。当然有高血压、心脏病史及精神心理病史的老年人除外。

A 股真是扶不起的阿斗吗？错。道琼斯指数才是。用历史的望远镜去看，20 世纪道琼斯指数在 500 点以下晃荡了半个世纪，在 1 000 点以下竟徘徊了 70 年之久，足以熬死一代人，这岂不比阿斗还阿斗？但是，道琼斯指数突破 1 000 点后，竟直奔 10 000 点，27 年涨 9 倍，真是横多长竖多高！相信 A 股也有一飞冲天的一天。

附录 2　老荣故事

小时候听的“龟兔赛跑”的故事是，领先的兔子因为跑到半路上睡懒觉，而被一步不敢停的乌龟反超。新的龟兔赛跑的故事反转，兔子没睡觉，反倒是乌龟睡在起跑线上。兔子震怒道：“你耍我？”乌龟答：“你没看我身上背的麻袋吗？实在跑不动。不过，裁判说，不跑也第一，融资世界第一。”兔子气晕了。赛跑从来都是比速度，什么时候改比举重了！

十几年前，房地产中介讲老太太买房的故事。美国老太太交完首付，其余用贷款买房，享受几十年新房的同时，贷款也还清了。中国老太太不愿欠债，省吃俭用几十年终于把当年的首付款凑成全款，只可惜一天新房没住上就走了。不过，再过几年，银行讲的中国老太太买房的故事更牛。老太太本来想把首付款存银行，却因买理财产品不仅利率低还不保底，一气之下就在银行买了同样不保底、回报可能高很多的证券 ETF，没想到 5 年涨 3 倍，外加房价下跌，首付款变全款买新房，还不用欠债。

职业股民 A 与私募操盘 B 是哥们儿，但俩人绝不谈股。A 从公开信息知道 B 在 2 元买某股，便重仓跟进。不料一年过去，某股就是不涨。一日二人小聚喝酒搓麻，A 点炮，点中 B 清一色大牌专等 2、5、8 将，狂喜中 B 泄露天机，南方麻将无 2、5、8 不和，我最喜欢 2、5、8。A 回家对照 B 做过的股，大悟。不久该股井喷，A 在 5 元、8 元清仓。此后 A 见满盘 2、5、8 显灵，如法炮制收获多多。

A 的秘诀是，其他关口不用看，上下只认 2、5、8。弃 8 看 5，5 看 2，坐 2 望 5，5 望 8。关口上买关下卖，赚多赔少，哈哈哈。

马和主人翻脸了，道："全天下有你这样的主人吗？又让马儿跑，又要马儿不吃草。"主人一副苦脸道："你吃饱了就玩命跑，缰绳都拉不住，撞了别人算他倒霉，把你撞死了，怎么办？我可就你这一根独苗啊。"马无语。

附录3　2019—2020年实战记录要点（微博精选）

1. 2019年井喷2 440点，悄然逝去的世纪之底

2018-12-22 22:12

下周击穿2 449点概率大，阶段底至少要到1月初形成。2 400点左右，也可能是未来大底区间。因为上证指数历史上无有效击穿20年线之先例（注：2013年1 849点、2014年1 974点两个大底，分别比当年20年线1 862点、1 992点低十几个点），20年线目前在2 424点（注：2018年10月19日2 449点为全年最低未击穿20年线）……2 400点附近很可能构成大底，甚至历史大底。

2019-1-1 16:25

新年红包：1月4日或7日，2 449点附近抄一月反弹底。

20年周期与7年周期提示，1月5日或6日共振见阶段底，而且7年周期、10年周期提示1月反弹强劲。（注：2019年1

月 4 日 2 440 点为两年最低。）

2. 2019 年 3—4 月井喷行情风险提示

2019−4−7 18:50

警报。时间空间量能共振，下周 3 300 点附近可能见本轮行情第一波阶段顶（注：4 月 8 日 3 288 点为 2019 年最高点），调整级别高于 3 129 点，至少回撤 200 点，20 年周期提示调整低点在 5 月。

3. 2020 年 2—3 月精准预测

2020−1−31 21:43

本人可以确定的是，今年的市场走势，至少今年前三个季度的走势，尤其是今年一季度的走势是基本确定的。具体说来，10 年周期、25 年周期提示，2 月初低点，目前看来很可能是一季度最低点。

2020−2−4 09:10

2019 年 5 月，我在此宣布 2 440 点为世纪之底，因为 2 440 点依托的 20 年线曾经启动了两次牛市，而且从未被有效击穿。而 20 年线是逐年提高的，现在 20 年线在 2 500 点上方。可以预见，今天或者明天，市场将在 20 年线上方形成今年的最低点。（2020 年 2 月 4 日见 2 685 点为全年次低，略高于 3 月全球金融市场崩盘形成的最低点 2 646 点。）今天是立春，沪市有节气日变盘的传统。3 127 点以来的调整即将结束。

2020-2-29　16:41

我在此提前预警 3 月的风险时间窗口，3 月 6 日附近共振高点，3 月 16 日附近共振低点。（3 月 6 日 3 074 点上半年次高点，3 月 19 日 2 646 点全年最低。）3 月中旬期指季月合约多空大决战，需防大跌。

2020-3-13　09:21

美股 20 000 点附近，有 10 年线强支撑，即将强反弹。（注：道琼斯指数当晚见全年最低，启动暴涨。）

2020-3-14　23:33

3 月 20 日（恰逢春分节气变盘）将成为低点共振向上突破的时间之窗。

2020-3-16　14:12

击穿 2 800 点，可以全线满仓，等主升浪，风险自担。

4. 3 458 点行情预测第一人

2020-3-29

7 月月线主升浪，目标突破 3 288 点。（注：2020 年 7 月 8 个交易日涨 400 多点，见 3 458 点，为前 11 个月最高点。）

2020-3-29 16:00

现在我宣布，2 646 点，至少是在两年内不会击穿的大底，这里的有效击穿，是指两年内不会出现连续三天收盘低于 2 646 点或者单日盘中最大击穿 2 646 点的 3%。

我判断 2 646 点为大底的依据有很多，在这里简述一下。

其一，基于本人独创的 83 月周期方法（此方法覆盖上证开市 30 年以来的全部大底大顶），2 646 点恰好位于 2020 年的 83 月时间之窗内，很可能属于两年内不会击穿的大底。其二，按照本人独创的多周期共振判断重要拐点的方法，2 月初的 2 685 点应为重要底，至少年内不会被有效击穿。请注意，迄今 2 685 点并未被有效击穿。其三，历史上 A 股的大小牛市，不是击穿十年线产生的，就是击穿 20 年线产生的。只有目前的市场是例外，20 年线（2 550 点）在 2018 年、2019 年被击穿过两次，牛市却不见踪影。因此，两三年内至少应有一次指向 5 000 点的小牛市。而本人认为，2 440 点启动的是新一轮至少十年剑指上证万点的大牛市。现在处于十年线（2 805 点）下方的 A 股，何惧之有？其四，根据美元指数与 A 股负相关的历史规律，美元指数 2020 年 3 月 20 日 102.99 点这一高点，对应着 A 股 2 646 点、2 685 点重要底。鉴于由全球股灾引发的美元的流动性危机已经被美联储的无底限量化宽松化解，且受美国经济衰退与零利率制约，美元指数年内将转入弱市，因此与之负相关的 A 股年内必然走强。其五，道琼斯指数万点下跌后基本企稳释放外部市场风险，国内包括降低存款利率在内一揽子刺激政策将至，更重要的是沪深两市 2 月与 3 月成交金额持平，这可以打消我们的天量天价之忧，历史上牛市或者强反弹见顶的信号就是天量天价，月天量见顶后次月萎缩至少 10%，甚至 20%，而且持续萎缩。既无天量，何来担忧？

时空量政策基本面周边市场完美共振见底，请准备迎接主升浪启动！

2020-5-5 12:11

6 月下旬为多周期共振低点，7 月有望进入月线级别主升浪，目标突破 3 288 点。

2020-5-27 14:25

首先，从多周期共振的角度看，6 月下旬至 7 月初确实是低点时间之窗，空方指望 7 年周期，2013 年 6 月大跌重演，殊不知当时大跌的内因是受主导当时走势的最长周期正处于崩盘走势的拖累而形成的特例。而现在，主导今年走势的长周期目前全部处于低位震荡甚至上行区间，必然制约 7 年周期的下跌。最后，2013 年 6 月的大跌是 6 124 点大顶后 C 浪下跌的最后一跌，而目前 5 178 点大顶后 C 浪下跌已经在 2 440 点结束，3 288 点重要顶后的 C 浪下跌也于 2 646 点结束。

目前，日线周线黏合度与 2014 年夏极相似，再调整一个月就可以基本形成多头排列，最晚 6 月底 7 月初的牛市三浪井喷将现，我们千万不要被现在牛市的小调整吓跑。

2020-6-19　22:51

市场在等待什么？ 7 月唯一长文章今天提前发布。顺便回答大家期待已久的牛市主升浪为何迟到，何时才能来。

牛市主升浪的到来需要天时地利人和。天时主要指时间周期，无论 998 点到 6 124 点牛市，还是 1 849 点到 5 178 点牛市，都与历史上的超级行情的周期轮回有良好的对应性。因此，2 440 点启动的牛市一浪与 2 646 点启动的牛市三浪，恰好满足多个上升周期轮回共振的条件。2019 年的一浪的短暂，除了众所周知的外因外，也与其对应上升周期较短密切相关。值得一提的是，最近的共振指向时间之窗是 2020 年 6 月下旬至 7 月初。至此所有的下跌周期告一段落，转向上升周期或者震荡周期，而且对应的是十年以上的长期上升周期。这是本人认为长期牛市开始的依据。历史上，市场主力也是以时间周期来发动大行情的。顺便说一下，从空间上看，月线大三角及小三角交叉于 7 月，我们必须选择突破方向。日线周线汇聚于 2 900 点区域，变盘在即，无超预期利空必须向上突破，而且是主升行情。月线级主升浪大概率 7 月启动。

2020−6−29 10:03

银行拟试点发券商牌照，对股市及券商股是长线利好。短线对券商股的冲击已经开始体现。短中线今天可以分批回补上周卖的券商股了。稳健的做法回补卖出的 1/3，激进的做法回补 1/2。

5. 市场疯狂的时候，及时预警提示风险

2020−7−5 15:24

首先发布两个消息，一个好消息，鉴于本周沪市以超预期的井喷启动，此前多次提示的月线主升浪。

本周的超预期井喷从技术上有其合理性。因为大三角形态突破后就应当是井喷行情，更何况市场本身正处于第三浪（主升浪）中，三浪之特征就是长阳巨量缺口。现在的问题是，

井喷行情究竟能走多远？关键是成交金额。只有成交量不会骗人。

如果类似于2019年和2020年春天的井喷，那么无论是周五的日成交额，沪市的5 300亿元与两市价值之和的近12 000亿元，还是沪市本周成交金额的近20 000亿元，包括证券板块周五日成交额1 400亿元，都已经达到或接近阶段极限。按照天量天价，倘若阶段天量已现或将现，那么现在至少离阶段顶不远了。

问题是市场能否突破这两年的井喷魔咒，不断出现新天量，使沪市日成交金额迅速达到万亿元的历史天量水平，重现5 178点行情。我以为基本不可能。一方面流动性不支持，在央行控制下目前市场流动性正由松变紧，新投资者开户数增长仅与2019年上半年相仿，场外配资受到严厉打击；另一方面政策不支持，国内外的复杂环境和防范系统性金融风险的底线，均不允许疯牛出现，更何况各项政策和制度改革出台，需要时间和稳定的市场环境。所以，市场主旋律应该是结构性牛市，即慢牛。我对此的理解是，3 587点应该是本轮牛市主升浪2020年的极限上涨目标（注：2020年7月11日3 458点为全年最高，7月中旬出现3 458点到3 184点急跌）。3 288点到3 587点，激进中线仓应该逐步减仓，稳健中线仓甚至可以考虑清仓。

2020-7-8　21:28

今天收盘后证监会官网公布了200多家非法配资企业名

单，并表示打击非法配资常态化，对涉嫌犯罪的，追究刑事责任。这是不是政策降温信号？别忘了 3 288 点见顶就是查场外配资乃至查香港配资引发的！再加上本周一，两市日成交 17 000 多亿元，作为五年来两市最大成交金额已接近历史最高纪录 24 000 亿元，我们可以初步认定阶段天量已现，短期调整乃至阶段调整很可能即将开始。